トヨタの問題解決

PROBLEM SOLVING
THE TOYOTA WAY

(株)OJTソリューションズ

トヨタの力の源泉は
どこにあるのか。

次の問題に答えてください。

WHY?

「なぜトヨタは
プリウスを
つくれたのか？」

ANSWER

トヨタに
イノベーションを起こす
革新力があったから。

WHY?

「なぜトヨタに
革新力があるのか?」

ANSWER

革新を
可能にする
「考える力」があるから。

WHY?

なぜトヨタに
「考える力」があるのか？

ANSWER

問題や課題を発見し、
それを解決する考え方を
社員が身につけているから。

WHY?

「なぜトヨタの社員は問題解決ができるのか?」

ANSWER

問題解決の進め方が
明確だから。

そう、答えは、
現場で日々実践される
問題解決のプロセスにあります。

従業員一人ひとりが
「８ステップ」に沿って
問題解決をしていく。

そうした
「考え方のしくみ」が
トヨタの
本当の強さなのです。

はじめに

トヨタの強さの秘訣はなんでしょうか?

こう問われたとき、多くの人は「現場の改善力」を挙げるかもしれません。改善は、トヨタ生産方式を象徴する言葉であり、世界でも「KAIZEN」の名で知られています。

もちろん、生産現場で日々実践されている改善が、トヨタの強さを支えていることは紛れもない事実です。

一方で、トヨタは日々発生する問題を解決していく「改善力」はすぐれていても、市場の勢力図を塗り替えるようなアイデアや商品を生み出す「革新力」には欠けているのではないか、というイメージがあるのも事実です。これは、トヨタにかぎらず、日本企業全体に当てはまることかもしれません。

では、なぜトヨタは、プリウス（ハイブリッド車）の開発というイノベーション（革新）を成し遂げて、いち早く市場に送り出すことができたのでしょうか。そして、燃料電池車（水素を燃料とするエコカー）の開発でも、他社より先行できている理由はなんでしょうか。

改善というと、日々現場で起きている問題に対処していく、つまり小さな問題解決を日々積み重ねていくというイメージかもしれません。もっといえば、コツコツと効率化やコストダウンを図る地味な印象が強いでしょう。

しかし、これは改善の一面にすぎません。

改善には、もちろん日々発生する問題に対処するという側面もありますが、自分で問題（あるべき姿）を設定し、それを解決していく側面もあります。

トヨタでは、前者を「発生型問題解決」、後者を「設定型問題解決」として分けて考えています（くわしくは42ページ参照）。

一般の人が抱くトヨタの改善のイメージは、「発生型問題解決」のほうかもしれませんが、トヨタの現場では、「設定型問題解決」も従業員一人ひとりのレベルで実践されています。

実は、この「設定型問題解決」こそ、トヨタのイノベーションの基盤となる考え方であり、プリウスのような市場の勢力図を塗り替えるような商品を開発する原動力となっているのです。

もっといえば、**「現場の日々の改善の延長線上にイノベーションがある」**といっても過言ではありません。


「問題やトラブルの対処に日々追われている」

「業績や売上が落ちているが、どう対処すればいいかわからない」

「魅力的なアイデアや企画が思い浮かばない」


みなさんは、職場でこんな悩みを抱えているかもしれません。

実は、こうした悩みの多くは、問題解決力が不足していることから発生しています。

トヨタで日々実践されている問題解決の手法を学ぶことで、こうした悩みから解放されるはずです。

トヨタの考え方（＝問題解決）が、あなたの仕事のやり方を劇的に変え、それは結果的に成果にもあらわれるでしょう。

本書に登場するのは、おもに１９６０年代前半から２０１０年代前半にかけてトヨタに在籍し、その後に、株式会社ＯＪＴソリューションズ（愛知県名古屋市：トヨタ自動車とリクルートグループの共同出資によって設立されたコンサルティング会社）で、トレーナーとして活躍してきた、元トヨタマンたちです。

トレーナーは全員、１００～５００人の部下を率いる工長・課長などの管理・監督者を経験してきています。

彼らは、トヨタの現場の第一線で培ってきた知見やノウハウをベースに、トヨタ以外の会社の業績アップや人づくりを支援するコンサルティングを行なっています。

トレーナーは、指導先の現場に入れば、その職場がどんな問題を抱えているか、すぐに洗い出してしまいます。

しかし、問題を発見し、解決してあげるのがトレーナーの仕事ではありません。現場の従業員一人ひとりが自ら問題を発見し、それを自分たちの頭で考えて解決できるような職場に変えるのがトレーナーたちの仕事です。

なぜなら、従業員の問題解決力が向上しなければ、トレーナーが現場を去った途端に、また問題が発生し、放置されることになってしまうからです。

ＯＪＴソリューションズのトレーナーたちが指導する会社は、国内のメーカーにかぎりません。スーパーマーケットや病院、金融機関、国内メーカーの海外拠点など多岐にわたります。職種も製造現場にかぎらず営業やサービス業などさまざまですが、トヨタ流の問題解決手法や人材育成法を支援先の会社に合わせて導入し、成果を上げています。

問題解決力は、トヨタでしか機能しないような特別な能力ではありません。どんな職場、仕事にも問題があり、それを解決することが、生産性の向上や売上アップにつながります。

問題解決力は、業界や業種、職種を問わず、必要とされる能力なのです。

本書では、トヨタの現場力の強さの秘訣であり、イノベーションにもつながる問題解決手法について解説していきます。
「問題解決の8ステップ」の流れや考え方のポイントを紹介するとともに、その具体的な実践例として元トヨタマンであるトレーナーたちが体験してきたエピソードを通して、そのエッセンスを伝えていきます（8ステップの大まかな流れやポイントは、冒頭のシートをご覧ください）。

問題解決の8ステップに沿って考えることによって、「何が問題なのか」「どこに原因があるのか」「どんな対策を打てばよいのか」といったことを、誰でも論理的に分析できるようになります。この8ステップをベースに思考できるようになれば、あなたの仕事や職場は劇的に進化していくはずです。

なお、本書は、トヨタの問題解決手法のマニュアルを解説する実務書ではありません。トヨタの問題解決に対する視点やポイントを把握し、製造現場やオフィスワークなど業種を問わず、みなさん自身の仕事に応用することを目的としています。

本書が、みなさんの問題解決力を高め、ビジネスの成果を上げるためのヒントになれば幸いです。

株式会社ＯＪＴソリューションズ

PART 1
仕事の成果が変わるトヨタの問題解決

PART 2 問題解決の8ステップ

STEP 1 問題を明確にする

STEP 2 現状を把握する

本文デザイン／高橋明香（おかっぱ製作所）

※本書に登場する所属、肩書、企業名等は2014年４月現在のものです。

本書に登場するトヨタ用語解説

班長・組長・工長・課長

本書で登場するトヨタの職制。「班長」は、入社10年目くらいの社員から選ばれ、現場のリーダーとしてはじめて10人弱の部下をもつことになる。その後、数人の班長を束ねる「組長」、組長を束ねる「工長」、工長以下数百人の部下を率いる「課長」という順に職制が上がっていく。現在のトヨタでは呼称が変えられており、「班長」が「TL」(チームリーダー)、「組長」が「GL」(グループリーダー)、「工長」が「CL」(チーフリーダー)となっている。

改善

トヨタ生産方式の核をなす考え方。全員参加で、徹底的にムダを省き、生産効率を上げるために取り組む活動。今では数多くの企業で行なわれており、日本の製造業の強さの源泉とされる。

ＱＣサークル

「Quality Control」の略。職場の中で、改善活動を自主的に進める集団のことで、トヨタの場合、４～５人ほどのメンバーで構成される。全員がリーダー、書記などの役割を分担し、職場の問題点の改善や、よい状態を維持するための管理活動を実践していく。

７つ道具

ＱＣサークルが、問題の把握から解決までの活動を行なう各段階において用いる科学的手法。グラフ、管理図、ヒストグラム、チェックシート、パレート図、特性要因図、散布図がある。

標準

現時点で品質・コストの面から最善とされる各作業のやり方や条件で、改善で常に進化させていくもの。作業者はこれにもとづきながら仕事をこなしていく。作業要領書や作業指導書、品質チェック要領書、刃具取り替え作業要領書などがある。現場の知恵がつまった手引書でもある。

三現主義

「現地・現物・現実」のことで、「現場を見ることによって真実が見える」というトヨタの現場で重視されている考え方。ホンダの創業者・本田宗一郎氏の「現場・現物・現実」という言葉がもとになっているといわれる。

横展

「横展開」の略。トヨタ生産方式の用語で、あるラインや作業場などで成功した対策を他の類似のラインや作業場に展開すること。

視《み》える化

情報を組織内で共有することにより、現場の問題の早期発見・効率化・改善に役立てること。図やグラフにして可視化するなどさまざまな方法がある。

PART 1

仕事の成果が変わる
トヨタの問題解決

STEP 0 思考

LECTURE 01

「問題がない」が最大の問題である

>> POINT

一見うまくいっているようでも、どんな職場にも必ず問題がある。その問題を発見するスキルが仕事を進化させる。

困らんやつほど、困ったやつはいない

世の中にはさまざまな問題解決手法があります。

昨今ではマッキンゼー・アンド・カンパニーやボストン・コンサルティングなど外資系コンサルティング会社の問題解決手法などが、日本のビジネスマンの間で注目されています。

しかし、トヨタでは創業間もない頃から問題解決による改善が行なわれ、いまや海外の企業にマネされるほどに成熟しています。

まさに問題解決は、トヨタを支える文化といっても過言ではありません。トヨタの元副社長であり、改善の鬼でもあった大野耐一《たいいち》は、こんな言葉を残しています。

「困らんやつほど、困ったやつはいない」

言い方を換えれば、**「問題がないということが最大の問題」**という意味です。

この言葉には、問題を解決して改善を繰り返していくことが、人を育て、会社を強くしていくというメッセージが込められているといってもいいでしょう。

トヨタでは、問題に気づくこと、そしてその問題を解決することが、従業員の基本スキルとして位置づけられているのです。しかし、多くの会社では、「問題があるのに問題視していない」という状態が放置されています。

トレーナーの大鹿辰己《おおしかたつみ》は、こう証言します。

「私たちが指導先に行って最初にする仕事は、問題を問題として認識してもらうことです。たとえば、営業の売上ノルマが達成できていない会社で、『営業担当者の行動を把握していますか?』と尋ねると、マネジャーは『日報を書いているから大丈夫です』と胸を張ります。しかし、突っ込んで話を聞いていくと、実は一部の担当者が日報を書いていない事実に気づきます。日報による情報共有を通じた営業担当者の行動把握ができていないという問題が発生しているのに、実際は問題として認識していなかったのです。こうした気づいていない問題が絡み合って、営業ノルマの未達につながっていると考えることができます」

製造現場であれば、不具合やミスがあると、それが現物（不良品）となって目の前にあらわれます。だから、問題を発見しやすい。しかし、オフィスワークや営業の場合は、問題が明確になって目の前にあらわれにくいといえます。

たとえば、事務仕事の生産性や効率は数字にあらわすのはむずかしいでしょう。また、営業・サービス業などの現場でも、クレームや売上減など明確な現象がなければ問題としてとらえにくい。お客様の多くは不満を明確に伝えることなく、離れていくものだからです。

そういう職場で働く人ほど、「問題をきちんと問題としてとらえる」スキルが必要になるのです。

マルを描いて立っていろ！

どんな仕事にも、大きなものから小さなものまで必ず問題は潜んでいます。

トヨタでは、問題を発見する力を現場で徹底的に鍛えられます。

先輩社員が「マルを描いて立っていろ」と後輩に指示することがあります。1つの場所から動かずにじっと現場を見ていると、ムダな動きをしている人やムダな部分が見えてくるというわけです。

新人のうちは、どこにムダがあるのかなかなか気づけないものですが、先輩が着眼点やヒントを教えることで、問題やムダを発見する目が鍛えられていくのです。

トレーナーの大鹿は、**「今の仕事のやり方がベストのやり方ではない、と常に疑問をもつことが大切だ」**と言います。

「もっと楽をできないか？　もっとモノを減らせないか？　もっとお金をかけずにできないか？　もっとムダを減らせないか？――というように『もっと』という言葉を口ぐせにして仕事をとらえると、問題が見つかりやすくなります」

長い間、同じ仕事を同じようなやり方でやっていると、問題があっても、それが当たり前になってしまいます。「問題のない仕事はない」という意識をもつことが問題解決力を高める第一歩です。

「もっと」を口ぐせに問題意識をもつ

今の仕事のやり方

↓

もっと 楽をできないか?
もっと モノを減らせないか?
もっと お金をかけずにできないか?
もっと ムダを減らせないか?
もっと 早くできないか?
もっと お客様に喜んでもらえないか?

↓

問題の発見

STEP 0 思考

LECTURE 02

問題とは「あるべき姿」と「現状」のギャップ

>> POINT

問題を認識するには、それをあぶり出す必要がある。その第一歩が理想とする状態と現状のズレを明確にすることだ。

トヨタにおける「問題」とは？

トヨタでは、問題を次のように定義しています。

「あるべき姿」と「現状」のギャップ。

「あるべき姿」とは、具体的には目標や基準、標準などのことをいいます。

たとえば、製品の不良率3％が目標なのに、現状では5％だとします。この3％と5％のズレは、埋めなければならないギャップであることはあきらかです。

トヨタでは、「標準」という言葉がよく使われます。

「標準」とは、現時点で最もよいとされるやり方や条件であり、作業者はこれにもとづきながら、仕事をこなしていきます。具体的には、作業要領書や作業指導書、品質チェック要領書など、各職場でさまざまな「標準」が定められています。「現時点で最もよい」ものなので、今後変わる可能性があり、数値化がむずかしいのが特徴です。

こうした「標準」があるからこそ、作業や品質が一定のレベルを保てるのです。「標準」という言葉ではないかもしれませんが、どんな職場や仕事にも、「こうすれば正確にできる」「効率的にできる」「目標を達成できる」という定石があるはずです。

こうした「標準」に達していない、あるいはギャップが生じている場合は、それは問題として認識しなければなりません。

「あるべき姿」がわからないと問題が見えない

目標や基準、標準を意識することが、問題解決の第一歩です。

では、これらがなかったら、どうなるでしょうか。

たとえば、あなたが営業担当者だとします。

自分では、毎月300万円以上の売上を稼ぎ、自分なりに「よく頑張っている」つもりですが、上司の評価は悪い。なぜなら、他の営業担当者はみんな毎月500万円以上の売上を上げていたからです。

問題は「あるべき姿」と「現状」のギャップ

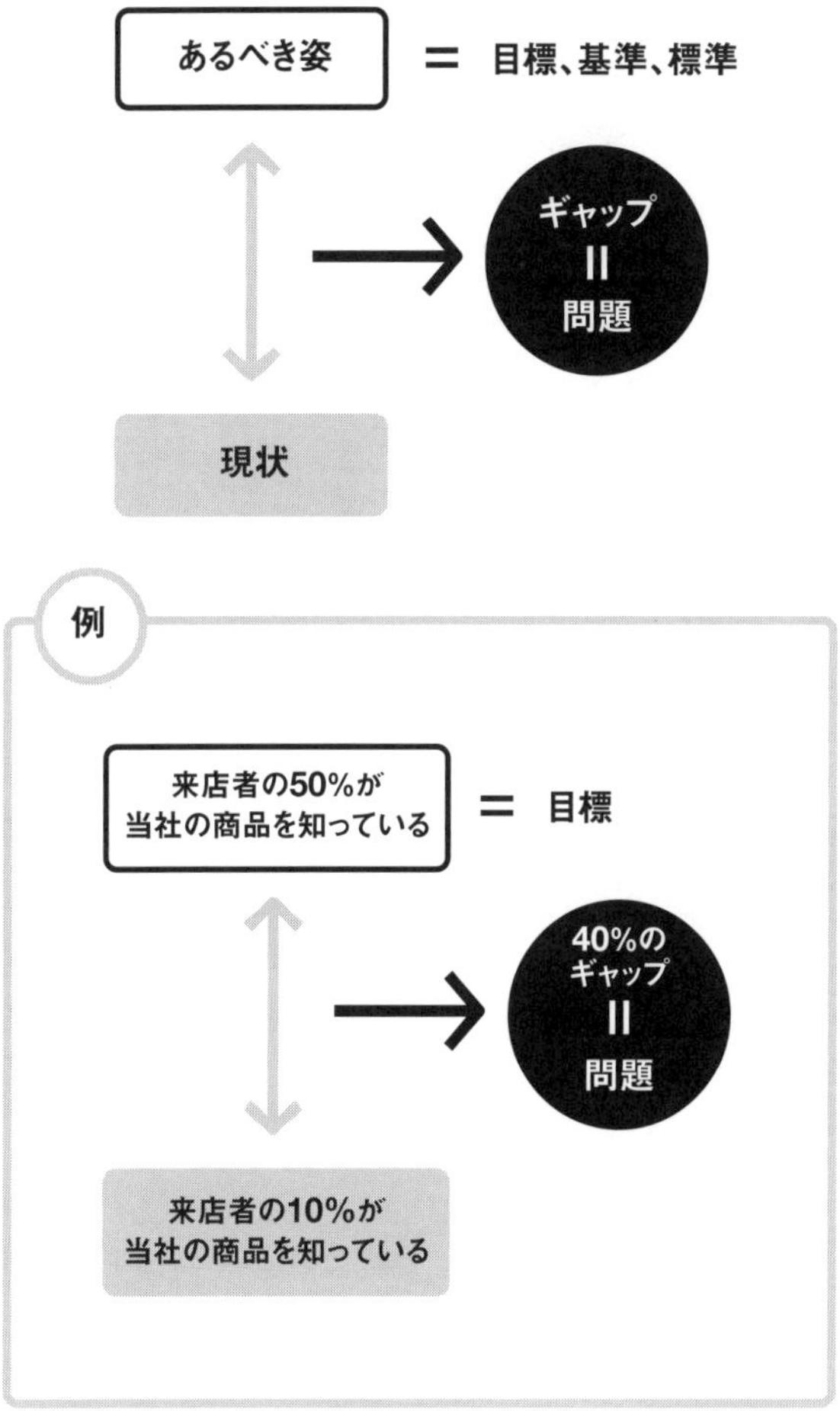
あるべき姿
= 目標、基準、標準
ギャップ
=
問題
現状
例
来店者の50%が
当社の商品を知っている
= 目標
40%の
ギャップ
=
問題
来店者の10%が
当社の商品を知っている

この場合、あなたは５００万円以上という基準（目標）を知らなければ、「よく頑張っている」と満足し、自分の売上が低いことを問題として意識できません。

つまり、目標や基準、標準など「あるべき姿」を意識しなければ問題は見えてきません。「あるべき姿」を設定するのは、問題解決を行なううえで、重要なプロセスなのです。

社長と社員の「あるべき姿」は違う

ただし、「あるべき姿」は、立場によって異なることがあります。

たとえば、社長の「あるべき姿」と新入社員の「あるべき姿」は異なります。また、社長と現場の営業担当者でも「あるべき姿」は異なるでしょう。

ある会社の営業部門の指導を行なった経験のあるトレーナーの大鹿辰己は、こう話します。

「あるべき姿には絶対的な正解はありません。価値観や経験値、立場には個人差があるからです。ある会社の社長は『もっと世間に知られる会社になる』というのがあるべき姿でしたが、その会社の営業担当者にとっては、『担当のお客様といい関係を築いて、喜んでもらう』のがあるべき姿でした。このような状態で、社長が部下にあるべき姿を押しつけてしまうと、部下の営業担当者にとっては他人事の問題解決になってしまいます」

問題解決をする本人が理解・納得して「腹落ち」していない問題解決は、絵に描いた餅《もち》で終わりがちです。

「あるべき姿」は「ありたい姿」とは違います。「こうなったらいいなあ」といったレベルの実現不可能な願望では、結局実行に移されません。少なくとも現場の従業員にとって「もっと世間に知られる会社にしたい」というのは、「ありたい姿」でしかありません。

「あるべき姿」は、決して夢物語であってはならないのです。社長など経営層は大きなことを語りがちなので、一方的に問題の「あるべき姿」を押しつけないように気をつけなければいけません。

立場や部署、経験などによって「あるべき姿」が異なる場合は、それぞれの個人やチームの能力から「あるべき姿」を考えて、その範囲内で問題解決を行なっていくことが原則です。自分の能力を超えたテーマは解決されずに放置されてしまいます。

トレーナーの山口悦次《えつじ》は、**「あるべき姿を描く際には、部署としてのミッションとメンバー個人の思いを結びつけることが大切だ」**と言います。

「部署のあるべき姿を押しつけると、単なる理想論となり、問題解決に結びつきません。たとえば、部署のあるべき姿が『コスト削減』であれば、メンバー個人の『残業のない職場でありたい』という思いと結びつけます。残業がなければ、結果的に人件費コストを削減することができます」

このようにメンバーにとって身近な表現に変えることによって、部署の「あるべき姿」に向けて、メンバー全員が頑張ることができます。

ただ、本来は会社のビジョンとリンクした問題解決をするのが原則です。マネジメントクラスの人は、会社のビジョンにリンクした問題解決のテーマを選ぶ必要があります。

しかし、一般社員やまだ問題解決自体に慣れていない人は、会社方針にとらわれることなく、まずは自分の仕事や部署の範囲で身近な問題テーマを決めてもいいでしょう。たとえば、「提出物の期限を守る」「商品知識を身につける」「部署の残業時間を減らす」といったものでもかまいません。

STEP 0 思考

LECTURE 03

問題解決の基本は「発生型」と「設定型」

>> POINT

問題解決には、日々困っている問題を解決する「発生型」と、自分で問題を定義して解決する「設定型」がある。

問題解決の3つの種類

トヨタの問題解決には、大きく分けて次の3つの種類があります。

❶発生型問題解決
❷設定型問題解決
❸ビジョン指向型問題解決

トヨタには班長・組長・工長・課長といった役職がありますが、それぞれの昇進前後に「階層別研修」が行なわれます。この研修の主要な部分を占めるのが問題解決です。職場の問題についてテーマを定め、問題解決のプロセスを学んでいきます。

階層別研修は、班長前教育、組長前教育、工長前教育と進んでいきますが、当然ながら、職位が上がるにつれて研修の内容も高度になっていきます。

班長前教育では❶「発生型問題解決」を、組長前教育では❷「設定型問題解決」を、工長前教育からは❸「ビジョン指向型問題解決」を学びます。

つまり、❶→❷→❸の順番で、問題解決の難易度が上がっていくということです。

ここではまず、❶発生型問題解決と❷設定型問題解決の違いについて、説明しておきましょう。

日々の問題に取り組む「発生型問題解決」

発生型問題解決も設定型問題解決も、「あるべき姿」と「現状」のギャップであることに変わりはありませんが、設定型問題解決のほうは、発生型問題解決よりも高度なレベルの問題解決だといえます。

発生型問題は、昨日発生した問題、今日発生した問題、あるいは慢性化して日々困っているような問題のことをいいます。すでに存在する「あるべき姿」（目標や基準、標準）に達していない問題ともいえます。

「不良品が発生した」「必要以上に在庫が余っている」「照明が暗くて作業がしづらい」というように、目の前で起こっている問題です。

オフィスでいえば、「書類確認のミスが多発している」「営業担当者の訪問件数が足りていない」「お客様からのクレームが増えている」といった問題が該当します。

現状がマイナスの状態であり、ゼロの状態に戻すための問題解決といってもいいでしょう。

高い次元を目指す「設定型問題解決」

設定型問題解決は、これから半年〜3年後の期間で見たときに必要となる問題解決のことをいいます。**現状では、「あるべき姿」の基準を満たしているが、より高い次元の「あるべき姿」を新たに設定し、意図的にギャップ（問題）をつくり出します。**

たとえば、次のようなケースが、設定型問題解決になります。

・現在は不良品率3％という基準を満たしているが、半年後には不良品率1％を目標とする

・売上ノルマ4000万円をクリアしているが、1年後に5000万円を目標とする

・お客様の求めている品質の水準が上がってきているので、自社商品の品質水準も上げる
・今のところ問題はないが、今後、新卒社員を採用するため、社内研修システムを充実させる
・3年後に多くの定年退職者が発生するので採用人数を増やす

現状では問題は発生していないが、近い将来、「あるべき姿」が上がるか、現状のレベルが下がることが予想される場合の問題解決も設定型問題として考えます。たとえば、「1年後の消費税率アップを見越した販売戦略を構築する」といった外部環境の変化によって「あるべき姿」が変わる場合も設定型問題解決の対象となります。

なお、設定型問題解決は、会社や部署などの上位方針に沿ったものを設定するのが基本です。上位方針から外れたものを設定して解決しても、会社や上司からは評価されませんし、そもそも協力も得られないでしょう。設定型問題解決をする際は、上位方針に合っているかどうかを確認する必要があります。

「発生型問題解決」と「設定型問題解決」

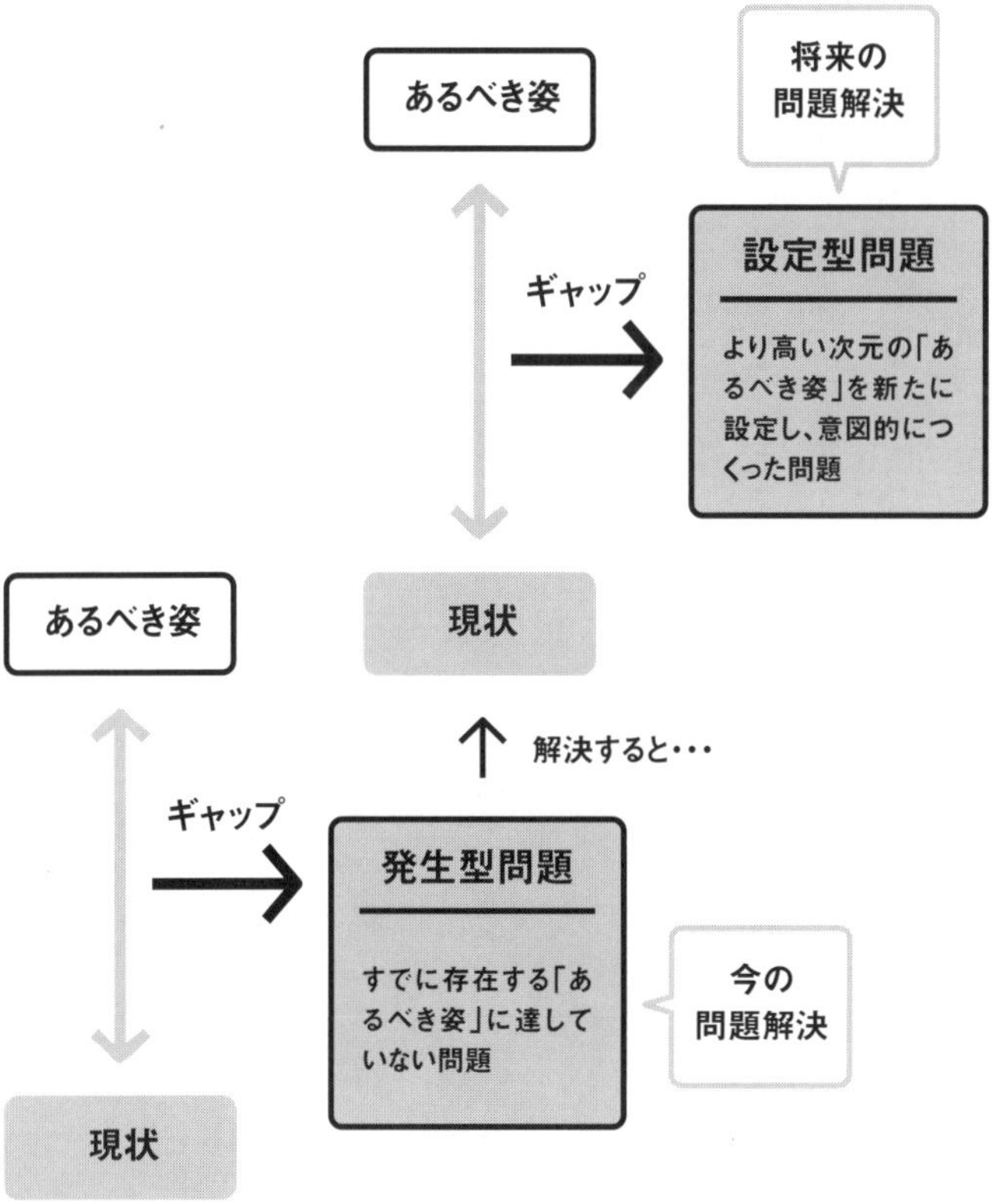
あるべき姿
将来の
問題解決
ギャップ
設定型問題
より高い次元の「あるべき姿」を新たに設定し、意図的につくった問題
あるべき姿
現状
解決すると・・・
ギャップ
発生型問題
すでに存在する「あるべき姿」に達していない問題
今の
問題解決
現状

問題解決力は、現場に残された「最後の匠《たくみ》の技」

入社間もない新人の頃は、発生型問題解決が中心になりますが、経験を積んで中堅として活躍する段階では、自分で問題を設定して、設定型問題解決を行なっていくことが求められます。入社3年目くらいから設定型問題解決の思考を日々の仕事に取り入れるトレーニングをする必要があるでしょう。

トレーナーの谷勝美《たにかつみ》は、設定型問題解決ができるようになることの大切さをこのように表現します。

「オートメーション化が進む現在は、かつての『匠の技』と言われるノウハウやスキルもどんどん自動化されています。ですから、ぼんやりしていると、人は決められた作業をこなすだけの単なる『作業者』になってしまいます。しかし、オートメーション化が進んでも、決して機械化できないのが自分で問題を設定して解決する技術です。**問題解決力は、現場に残された『最後の匠の技』と言っても過言ではありません**」

これは、モノづくりの現場だけに当てはまることではありません。あらゆる業種、職種にいえることでしょう。

たとえば、最近では、英語を社内公用語にする先進的な会社も増えていて、英語を話せる人材が重宝される傾向にあります。しかし、いくら英語が話せてもグローバル化が進む現代では、それが当たり前で、世界のビジネスマンと伍《ご》していくには、英語以外の能力が必要になります。

そのひとつが問題を解決する力であり、考え抜く力ではないでしょうか。

また、発生型問題解決も設定型問題解決も、モノづくりの現場だけに求められるスキルではありません。営業やサービス業、企画開発などさまざまな職場でも必要ですし、オフィスで働く事務職でも応用することができます。

たとえば、事務職であっても「残業時間を減らす」という「あるべき姿」を達成するために、これまで1回ずつ印刷していた伝票を、まとめてセットで印刷することで作業時間を短縮し、残業時間を減らすということもできます。

問題解決力は、あらゆるビジネスマンに求められる能力だといえるでしょう。

STEP 0 思考

LECTURE 04

「ビジョン指向型」がイノベーションを生む

>> POINT

中長期のスパンから「あるべき姿」を設定する「ビジョン指向型」が、プリウスのようなイノベーションを生み出す。

中長期的に取り組む「ビジョン指向型問題解決」

では、最後の「ビジョン指向型問題解決」とは、なんでしょうか。

設定型問題解決が、短期的な「あるべき姿」を描くのに対して、**ビジョン指向型では、中長期的視野をもって世界情勢など大きな視点から「あるべき姿」を設定し、「現状」とのギャップを埋めていきます。**

自分で「あるべき姿」を設定するという意味では、設定型問題解決の発展型といえますが、大きな視点から「背景」までとらえる点が設定型との大きな違いです。

ここでいう「背景」とは、トヨタの場合だと次のようなものをいいます。

・世界の経済情勢はどうか、これからどのような動きを見せるか？
・世界の自動車産業はどのような状況か？　今後どうなるか？
・日本の経済や自動車産業は、これからどのような状況になりそうか？

このような世界情勢から分析をスタートさせて、
・トヨタ自動車はどうあるべきか
・自分の部署・職場は、どうあるべきか
・自分がすべきことは何か?
という具合に身近なところまで問題を下ろしていって、ビジョン指向型問題解決のテーマを見つけていくのです。

トヨタの階層別研修では、テーマを選んで、それをおおむね6カ月かけて実際に解決していきます。その際、必ず最初にやらされるのが、世界情勢や経済環境などの「背景」を書き出すことです。そのために新聞を読み込むなど、自分の視野を広げる訓練をしなければなりません。

トヨタから「プリウス」が生まれた理由

ビジョン指向型問題解決は、スケールが大きく視野が広いため、イノベーション(革新)などにつながる可能性があります。

ビジョン指向型の問題解決から生まれたのが、トヨタのハイブリッド車「プリウス」のようなイノベーションです。

プリウスは、1997年に製造・販売を開始した世界初の量産ハイブリッド専用車で、エンジンと電気モーターの2つの動力源をもち、燃費がよいのが特徴です。現在、国内で最も売れている車のひとつといっていいでしょう。

当時、長いスパンで世界情勢を考えたときに、将来石油が枯渇し、高騰することが予測されました。さらに、環境問題も深刻化していくことも想定されていました。そう遠くない将来、石油を大量に消費し、環境にダメージを与える自動車のあり方が問われることは十分考えられることでした。

そうした背景を踏まえて、「人と地球にとって快適であること」というコンセプト（あるべき姿）のもとに開発されたのがプリウスなのです。

効率化やムダの低減など生産性を高めることや目先の利益を確保することばかりに焦点を合わせていたら、決して生まれなかった発想といえます。未来の「あるべき姿」にクローズアップすることにより、はじめてイノベーションは実現できるのです。

ラテン語で「〜に先駆けて」という意味である「PRIUS《プリウス》」という車名にも、トヨタの未来志向があらわれているといえます。

「プリウス」はビジョン指向型のひとつの例にすぎませんが、トヨタには日々取り組む発生型問題解決や設定型問題解決のほかに、もう1段階上の広く大きな視野から見る問題解決手法が存在することは重要なポイントです。

トヨタというと、コスト削減や時間短縮など「乾いたぞうきんをさらに絞る」ような地道な改善活動をイメージする人が多いかもしれません。

しかし、**日々の改善活動の先には、未来のイノベーションをつくるビジョン指向型の問題解決があるのです。**

日々の問題解決がイノベーションにつながる

ビジョン指向型の問題解決は、実際には経営者やリーダーの仕事といえます。

トヨタでも、数十〜数百人と多くの部下をもつ管理職が対象の工長前教育、新任課長教育などでじっくりと訓練をしていきます。
トレーナーの中島輝雄《なかしまてるお》は、「現実的なことを言えば、それぞれの立場や職制によって、取り組むべき問題解決の種類は異なる」と言います。

「組織の規模にもよるのであくまでも目安ですが、ビジョン指向型問題解決は経営層、設定型問題解決は管理者（トヨタで言う工場長、部長、課長）、発生型問題解決は監督者（工長、組長、班長）や一般社員のレベルでそれぞれ行なうイメージです。もちろん、管理者や監督者、新規プロジェクトの担当者がビジョン指向型を担うケースもありますし、一般社員でも設定型問題に取り組まなければならないケースはあります。小さな会社ほど人材が少ないので下位の役職の人が上位の問題解決を担うことが求められるでしょう」

だからこそ、「自分はビジョン指向型の問題解決をする立場にないから関係ない」というように思わないでください。
たしかに、ビジョン指向型の問題解決をするには、ある程度仕事の経験や実績が必要になりますが、基本的には発生型問題解決や設定型問題解決と踏むべきステップは一緒です。

問題のテーマが大きくなるだけで、ノウハウ自体は何も変わりません。

したがって、発生型問題解決や設定型問題解決を職場で繰り返していくことによって、ビジョン指向型問題解決の力も自然と育まれていくのです。

「日々の問題解決が、将来のイノベーションにつながる」といっても過言ではありません。

反対に、最初はビジョン指向型の問題テーマであっても、実行段階で設定型問題解決や発生型問題解決までレベルが下がってくることもあります。

たとえば、会社のリーダー層が打ち立てた「新規分野の商品開発」というビジョン指向型のテーマも、部署の個人レベルであれば、「新規分野の市場分析」といったレベルの課題になります。

そういう意味でも、3つの問題解決はつながっているのです。

日々の問題解決がイノベーションにつながる

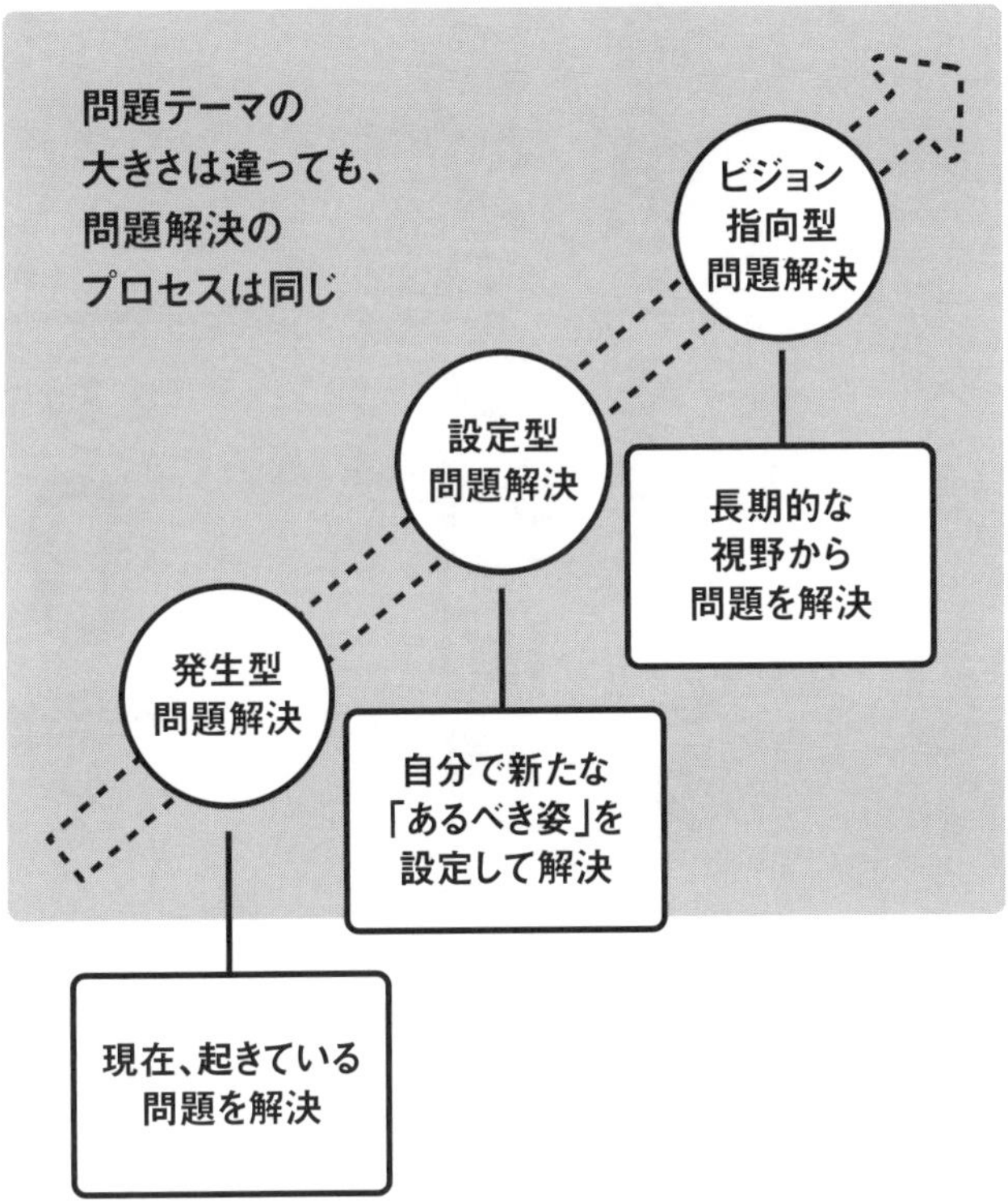
問題テーマの
大きさは違っても、
問題解決の
プロセスは同じ
ビジョン
指向型
問題解決
長期的な
視野から
問題を解決
設定型
問題解決
自分で新たな
「あるべき姿」を
設定して解決
発生型
問題解決
現在、起きている
問題を解決

STEP 0 思考

LECTURE 05

「ビジョン指向型」には「意思」を込める

>> POINT

漠然としたスローガンからイノベーションは生まれない。
明確な「意思」があるから最後までやり遂げられる。

ビジョン指向型には、「何をしたいか」という意思が必要

ビジョン指向型の問題解決をするときには、「『何をしたいか』という自分の意思が必要不可欠だ」と語るのは、トレーナーの加藤由昭《よしあき》です。

加藤の指導先である企業の工場長は、慢性的な赤字体質に悩まされていました。悩んだ末に加藤のもとに相談に来た彼に対して、加藤はこんな質問を投げかけました。

「工場長、あなたは何をしたいと思っていますか？」

工場長が抱いている「意思」を確認したのです。

彼は「これまでのロット生産から一個流し生産に変えて、在庫をもたず、スムーズに仕事が流れるようにしたい」という方針を示しました。

加藤が「具体的にどのようなしくみにしたいですか？」「スケジュールに落とし込むとしたらどうなりますか？」とさらに質問を重ねていくと、工場長の「意思」がより明確になり、自ら一個流し生産を実現するために動きはじめたのです。

「ビジョン指向型の問題解決は、『あれやれ』『これやれ』と指示されたことをやることからは生まれてきません。ビジョン指向型のような大きなテーマの問題解決に取り組む際は、『こうしたい』という自分の意思が込められることにより、はじめてテーマに息が吹き込まれ、自発的に動くことができます。反対に、意思がない問題解決は、壁にぶつかるとすぐにあきらめてしまい、人を納得させ動かすこともできません」

ビジョン指向型の問題解決は、「自分は（相手は）何をしたいか」と問いかけることからはじまるのです。

単なるスローガンになっていないか

トヨタでは、年初に会社のビジョンが示されます。たとえば、「世界生産1000万台体制を確立する」といったものです。このビジョンをもとに、それぞれの部署が方針をつくり、それを現場に課題として下ろしていきます。

トヨタのビジョンにも、意思が込められています。

単に「1000万台をつくる！」という数字的なスローガン（標語）ではなく、**世界情勢や自動車業界の状況、トヨタの置かれた立場などさまざまな「背景」から導き出された「あるべき姿」なのです。**

しかし、多くの会社では経営者が示すビジョンが、単なるスローガンになっていて、「意思」が込められていません。たとえば、「安心・安全な企業づくり」「豊かな社会への貢献」といった漠然としたものからは、会社のビジョンは見えません。

会社のビジョンが見えずに、会社の末端まで伝わらなければ、その会社で行なわれる問題解決（特に設定型問題解決）は方向性を失ってしまいます。

トレーナーの中島輝雄は、こう言います。

「経営トップは、ビジョンを明確にすること、そしてできるだけ数値であらわすことを心がけなければいけません。たとえば、『赤字からの脱却！』ではなく、『赤字2000万円から3000万円の黒字経営へ！』といった具合です。こうした明確なビジョンが組織に浸透することによって、現場の管理・監督者がそのビジョンを達成するためにどうすればいいかを打ち出すことができます」

STEP

0

思考

LECTURE

06

問題解決につながる「8ステップ」

>> POINT

経験や勘に頼ると、根本的な問題解決にはつながらない。
問題解決のプロセスに沿って考えることが重要である。

問題解決の8ステップ

仕事で起きる問題は、多種多様です。

それこそ「提出書類の締め切りに遅れる」「机の上が片づいていない」といった比較的小さな問題から、「目標達成ができない」「高い確率で不良品が発生する」「従業員がすぐに辞めてしまう」といった大きな問題までさまざまです。

比較的小さくて、よく起きがちな問題であれば、これまでの経験や勘に頼って対策を立てて、根絶することも可能です。ありがちな小さい問題は原因や対策方法をすでにつかんでいるケースが多いからです。

しかし、**「大きな問題」は、勘や経験で簡単に解決するとはかぎりません。**根本から解決しようと思えば、時間もかかってやっかいですし、何が本当の問題であるかが見えていないケースがほとんどです。

トヨタでは、いわゆる「大きな問題」を解決するときには、一連のステップを踏みます。

それが、次の「問題解決の8ステップ」です。

❶問題を明確にする
❷現状を把握する
❸目標を設定する
❹真因を考え抜く
❺対策計画を立てる
❻対策を実施する
❼効果を確認する
❽成果を定着させる

職場や個人によって、8つのステップが分割されたり統合されたりして、7ステップ、9ステップになることもありますが、トヨタでは、基本的にこの8つのステップをベースにして問題を解決していきます。

「こういうケースは、この方法で対処すれば大丈夫だろう」というように、勘や経験に頼って問題を解決しても、それは単なる思い込みにすぎないことが多々あります。その場合、一見問題がなくなったように見えても、その根幹は放置されたままになりがちです。

しかし、**問題解決の8つのステップの中で、客観的なデータや数字などにもとづいて論理的に思考や分析をすることによって、勘や経験による思い込みを排除し、効率的に問題を解決することができます。**

問題解決のプロセスを「視《み》える化」する

8つのステップを踏むことは、問題解決のプロセスを「視える化」することでもあります。

客観的なデータや数字に裏づけられたプロセスが明確になれば、勘や経験が入り込む余地が少なくなります。

OJTソリューションズの専務取締役・海稲良光《かいねりょうこう》は、「トヨタでは問題解決のプロセスを書いてまとめることが奨励されている」と証言します。

「トヨタでは、『A3の文化』というものがあって、とにかく1枚の用紙に簡潔にまとめることを徹底されます。私の頃であれば、特にスタッフ系の新入社員として配属されると、机の上に1枚のA3用紙が置いてありました。つまり、新入社員の最初の仕事が、A3用紙で問題解決のプロセスを学ぶことなのです。トヨタではそれくらい問題解決の8ステップに沿って思考することを重要視しています」

8つのステップに沿って客観的に考えていくと、「どうしてこれが問題なのか」「どういう分析をして問題の原因を特定したのか」「具体的にどんな対策をとればいいのか」といった思考の流れが一目瞭然となり、勘や経験に頼った問題解決を防ぐことができます。

トヨタの現場では、従業員一人ひとりが8つのステップにもとづき、日々発生する問題や、よりよくするための改善に取り組み、結果を出しているのです。

それでは、次章からは、8つのステップに沿って、問題解決のポイントを学んでいきましょう。

STEP
1

問題を明確にする

「あるべき姿」と「現状」のギャップを明確にし、問題を把握するのが第1ステップ。

STEP

1

問題の明確化

LECTURE

01

「問題ありき」「対策ありき」ではうまくいかない

>> POINT

「本当の問題」を明確にしないと問題は解決しない。「本当の問題」から問題テーマや対策を考えるのが本筋である。

問題テーマを決めるにはプロセスが必要

最初のステップは、解決すべき問題テーマを明確にすることです。先に断っておくと、ステップ❶「問題を明確にする」と次のステップ❷「現状を把握する」は非常に重要なステップです。トレーナーの大鹿辰己は、このように言います。

「ステップ❶と❷で問題解決の70％は決まると言っても過言ではありません。実際に問題解決に取り組むと、このプロセスに70％の時間と労力を費やすことになります。それだけ問題テーマを選ぶことは重要なのですが、このステップをすっ飛ばして、問題テーマありき、対策ありきで、問題解決に取り組んでしまうケースが少なくありません。これでは『本当の問題』を解決できません」

大鹿がある会社の営業部門の指導に入ったところ、すでに問題テーマが決まっていたといいます。社長の方針で「販売計画の精度アップ」「新製品の販売促進」など問題となるテーマが固められ、そのテーマが営業部の担当者に下ろされている状態でした。**トヨタの場合は、まず「問題が何であるか」という切り口から十分に分析し問題を明確にしてから、その解決策を考えていきます。**

しかし、この会社の場合には、社長の意向もあって「役割」という広い切り口であったため問題テーマの設定に苦労しました。このように「本当の問題が何であるか」を分析することなく「問題ありき」で問題解決を進めても、本当に解決すべき問題ではない可能性が高く、結局、成果が上がらないことはよくあります。

問題テーマを設定するには、根拠がなければなりません。根拠がない問題は、実際には問題ではない可能性が高いのです。

「対策ありき」でもうまくいかない

大鹿は、「対策ありきで問題解決に取り組んでしまう会社や人も多い」と言います。

「問題ありきの場合と同じように、対策が先に決まっている場合も、問題解決はうまくいきません。問題解決の目的は、問題に合わせた対策を施し、解決することにあります。対策から入ったら、対策を施すこと自体が目的になってしまい、本来の問題が解決されない可能性があります」

たとえば、流行っているから、他社が成功しているからといった理由で、「SNSをマーケティングに活用する」といった対策が先に決まるケースもあります。

この場合、対策に合わせた問題を設定することになるので、本来解決すべき問題にスポットが当てられず、的の外れた問題解決をしてしまう可能性もあります。

本来は「本当の問題」→「困っている状態」→「問題テーマを決定する」→「対策」というプロセスを前提に考えなければなりません。

「本当の問題」を問題解決の出発点にしなければ、「困っている状態」を解消するような「問題テーマ」や「対策」は決められないはずです。「問題テーマ」や「対策」を前提に問題解決をしていくのは本末転倒といわざるをえません。

問題解決では、まずは問題を明確にして、その根拠を示さなければなりません。根拠のない問題や手段ありきの対策が先に来てはいけないのです。

STEP

1

問題の明確化

LECTURE

02

「やりたい」ではなく「やるべき」問題を選ぶ

>> POINT

「やるべき」問題を見つけるには「数字」でとらえる。数字の異常は、問題発生のゆるぎない証拠になる。

「想い」ではなく「数字」でとらえる

「やりたいことを楽しんでやるのは子どもの遊び。やらなければならない問題を頑張って解決するのが大人の遊び」。問題解決との向き合い方について、こう表現するのは、トレーナーの谷勝美です。

先ほどビジョン指向型の思考をするには、「自分は何をしたいのか」という意思を入れることが大切だという話をしましたが、**解決すべき問題テーマを選定する段階では、「やりたいこと」ではなく、「やるべきこと」に焦点を合わせるのが原則です。**

谷は指導先の会社で、こんな体験をしたと言います。

いくつかのプロジェクトチームに分かれて会社の問題に取り組んでもらったところ、複数のチームが、「5Sを活性化させよう」という問題テーマを選んできたのです。

5Sというのは、「整理・整頓・清掃・清潔・しつけ」の頭《かしら》文字をとったもので、5Sを徹底することによって、会社の生産性は上がります。

ところが、同社では以前から5Sに取り組んでいて、毎日10分間の片づけタイムも設けているほどでした。5Sができていない会社なら十分に問題テーマになるのですが、同社については「本当に問題なのか?」と疑問符がつくテーマ選定だったのです。

では、なぜ複数のチームが5Sをテーマに選んできたのでしょうか。

きっかけは、同社の社長のひと言にありました。社長がオフィス内に落ちているゴミを拾い上げて「ゴミが落ちているのに、知らんぷりをしているとは残念だ」とポツリとつぶやいたのです。この出来事が印象に残っている社員が何人もいたことにより、5Sを問題として取り上げるチームが複数あらわれたのです。

谷は、こう分析します。

「5Sをテーマに選んだチームは、社長のひと言に引っ張られる形でテーマを選んだと考えられます。『会社組織として、トップである社長の意向を尊重して5Sをテーマにすることは正しい』と。つまり、本来やるべきではないことを問題テーマとして選んでしまったのです」

「数字」は他人任せにしてはいけない

本来、問題解決というのは、経営の視点から見て、足を引っ張っている問題を解決するのが目的です。それらは重要度も緊急度も高いので、苦しさをともなうものです。自分たちのやりたいことを実現するものではありません。

やるべきことをテーマとして選ぶには、「想い」ではなく「数字」などのデータにもとづいて問題をとらえることが大切です。

たとえば、クレーム数や不良率、作業時間、売上、利益率など、「数字」に異常があれば問題が発生している証拠になります。そこには、確実に解決しなければならない問題があります。しかし、やりたいという「想い」は、数字のない世界です。そこに解決すべき問題があるとはかぎりません。

トレーナーの近江《おうみ》卓雄《たくお》は、「データや数字を意識する環境にあれば、本当にやらなければいけない問題が見えてくる」と言います。

「ある指導先の工場のメンバーは、『データ管理は本社がやるもの』という意識でいました。一応現場でデータをとってはいるのですが、それを集計し、分析するのを本社のスタッフ任せにしていたのです。このような会社は意外と多いようですが、本社がまとめるデータはあとで集計した『結果数字』にすぎず、1カ月単位などでまとめるのが通常です。本来、現場の人間が時々刻々と生きた数字を追うことによって、やらなければならない問題が見えてくるものです」

「最近、稼働率が悪い」「なんとなくクレームが増えたような気がする」といった肌感覚でとらえているだけでは、深刻な問題として意識することができません。

「稼働率が8％落ちている」「クレームが前年対比20％増えている」という数字でとらえることによって、「この問題と向き合わなければ」という意識が高まります。

トレーナーの山口悦次も、「数字があきらかになれば、危機感をもって問題解決に取り組むようになる」と言います。

山口が指導するある会社では、問題解決のテーマとして「津波発生時の部品納入体制の確立」を選定しました。津波という現在起きていない問題テーマについて取り組むものなので、設定型問題解決といえるでしょう。

問題解決チームで、津波被害を想定した地図（津波ハザードマップ）の上に自社製品の主力部品を納入している取引会社をマッピングしてみました。すると、「すべての取引会社が津波の被害を受け、90％以上の製品を生産できなくなる」という衝撃的な事実がわかりました。

「90％以上が生産できない」という数字を見て、同社が本気で問題解決に乗り出したのはいうまでもありません。

また、問題解決では、問題に取り組む本人やメンバーが問題に取り組むことの重要性を理解し、腹落ちしていなければ活動は継続できません。

「○○したい」という「想い」は、人によってとらえ方が異なるので、すべての人が腹落ちするとはかぎりません。しかし、**問題を「データ」で示されれば「○○しなければならない」と腹落ちしやすくなります。**メンバーのモチベーションの面でも、「想い」より「データ」でとらえることが大切になります。

STEP

1

問題の明確化

LECTURE

03

問題を発見する7つの視点

>> POINT

問題解決の第一歩は、問題を問題として正しく認識すること。問題を発見するコツのひとつは「比較すること」である。

「猫が5匹生まれた」は問題か？

当たり前のことですが、問題を解決するには、何が問題であるかを発見しなければ、解決にはつながりません。

たとえば、部下から「猫が5匹生まれた」と言われたとします。

しかし、この情報だけを聞いても、現状では問題かどうかわかりません。

部下の家で飼っている猫が5匹の子猫を産んだという話であれば、問題ではありません。むしろ、ほほえましい話です。

しかし、真相が「工場の敷地内で猫が5匹生まれた」だったらどうでしょうか。猫が敷地内に棲《す》みついていて、工場内に侵入して操業に支障をきたしたりすることがあれば大問題です。

猫の話は極端な例ですが、**ビジネスの現場では、実は「猫が5匹生まれた」という状況しか見えておらず、「工場の敷地内で」という大事な情報を見落としていることがよくあるのです。**そうしたケースでは、問題があっても、放置されたままになってしまいます。

では、問題を発見するにはどうすればよいでしょうか。

トヨタでは、次の7つの視点から問題をとらえるように意識づけされています。

問題を発見する7つの視点

❶悩んだり困っていること

普段自分が悩んでいること、困っていることを思いつくかぎり書き出していきます。

トヨタでは、「問題発見シート」というツールを使って、職場のメンバー同士で思いつくかぎり、悩んでいること、困っていることを挙げていきます。

「クレーム品が多い」「顧客情報が共有されていない」「整理整頓ができていない」「残業が多い」など、職場全体のこと、個人レベルのことを問わず、できるだけたくさん出していくのです。

どこから考えていいかわからないという場合は、製造業でよく使う「4M」の視点から考えると整理しやすくなります。

「問題発見シート」の例

問題発見シート

	悩んだり困っていること	評価
1	自社ホームページが見にくい	
2	クレーム品が多い	◎
3	会議が多い	
4	コピー用紙が切れていることがある	
5	エアコンがききすぎている	
6	オフィスの整理整頓ができていない	
7	顧客情報が共有されていない	◎
8	経費関連書類に記入ミスが多い	
9	残業が多い	◎
10	あいさつをしない社員がいる	

多数決などで
取り組む問題を決める

・**人（Man）**―仕事をこなす能力、スキルがあるか。人手は足りているか
・**機械（Machine）**―機械や設備に不具合はないか。パソコンやプリンターに不具合はないか。使いづらい点はないか
・**材料（Material）**―原料や仕入れたものに問題はないか。収集した情報は信頼できるものか
・**方法（Method）**―ほかに効率的なやり方はないか。この方法はやりにくくないか

こうして挙がってきた中から、メンバー内で多数決をして取り組むべき重大な問題を決めていきます。

もちろん、個人で思いつくかぎりの悩みや困っていることを挙げても問題発見につながりますが、職場のメンバーを巻き込んで行なうと、さまざまな角度から問題が挙がってきて、気づきが多くなります。

❷上位方針との比較

会社や部署など上位の方針と、自分がやっていることや自分の部署で起きていること

とを比較すると、問題が見つかりやすくなります。

たとえば、会社の年間の売上ノルマが前年対比10％増であるにもかかわらず、自分の部署の成績が現状で前年対比３％増にとどまっていたとします。この場合、何も手を打たずにいると、会社の売上ノルマに貢献できないので、問題としてとらえる必要があります。

❸後工程への迷惑

工場の場合、次の工程からクレームが来たりすれば、問題があるのは明確です。オフィスでも、書類の提出が遅かったり、書類に不備があって差し戻される場合、上司から注意を受けた場合は、問題としてとらえる必要があります。

また、サービス業などでは、お客様からのクレームは、重要な問題として受け止めなければなりません。

❹基準との比較

「基準」は、正常であることの判断軸となるもので、「標準」と違って数値化が可能である点が特徴です。製造業などの場合、本来あるべき規格や仕様とズレが生じていたら、問題が発生しているととらえる必要があります。

❺標準との比較

「標準」は現時点で最もよいとされるやり方や条件のこと。「基準」と違って、数値化がむずかしいのが特徴です。職場で決められた各作業のやり方や条件が守られていない場合、そこに問題がある可能性が高くなります。

たとえば、「企画書の完成度」「営業担当者の売り込みのプロセス」といったものは、各社や各部署によって、程度の差こそあれ「標準」といえるものがあるのではないでしょうか。それらと比較することによって、自分や部署の抱えている問題が見えてくる可能性があります。

❻過去との比較

過去の数値や状態と比べて悪化していないかを確認します。

たとえば、前年の不良品率が3％だったのに、今年が5％に上昇していたら、そこに問題があります。また、書類の提出期限を過ぎるケースが過去と比べて増えているなら、問題としてとらえるべきでしょう。

❼他部署との比較

会社の他部署との間で、数値や状態を比べてみます。

たとえば、経費精算書類の記入ミスが他の部署と比べて際立って多ければ、自分の部署のやり方に問題がある可能性が高いといえます。

STEP

1

問題の明確化

LECTURE

04

「汚れ」のあるところに問題あり

>> POINT

オフィスワークでも、目のつけどころにより「問題」を発見しやすくなる。整理整頓ができていない場所は要注意。

お客様の立場で考える

特にオフィスワークをしている人は、数字のデータをとる習慣があまりないので、製造の現場よりも問題に気づきにくいといえます。しかし、そのような環境でも、問題に気づきやすくなるポイントがいくつか存在します。

ここでは5つに絞って紹介しましょう。

1つめは、お客様の立場で考えること。

自分が商品を買って使う立場やサービスを利用する立場になると、使いづらい、不快に感じるといった問題が見えてきます。

自分が個人的にサービスや商品を利用して不便だったことやがっかりしたことを思い出して、自分もお客様に同じような思いをさせていないか振り返ることも有効です。

最もわかりやすいのは、お客様からのクレームです。

クレームに対して「とりあえず丸く収める」という対策を繰り返していると、同じようなクレームが必ず発生します。クレームと正面から向き合うことで、優先度の高い問題テーマが見つかりやすくなります。

汚れを見る

2つめは、「汚れ」に注目すること。

「汚れがあるところに問題が潜んでいる」と語るのは、トレーナーの山口悦次です。

「家庭の冷蔵庫がいい例です。中身がぐちゃぐちゃになって、しょうゆなどの調味料がたれて汚れているような冷蔵庫の中には、賞味期限が切れた食材が放置されていたりするものです。冷蔵庫の中に何が入っているかもわからない状態だと、必要のない食材を買ってきてしまうこともあるでしょう。

工場の設備も同じ。機械が油で汚れていれば、オイル漏れが生じている可能性がありますし、資材の削りかすが放置されているようであれば、その削りかすが機械の隙間に入り込んで悪さをする可能性があります」

オフィスであれば、机の上に積まれた書類。書類の山は問題の山です。

特に、ほこりをかぶっているようであれば、しばらく手をつけずに放置している証拠です。仕事の処理の遅れは、後工程に伝わり、大きな問題になることがあります。

山口は、「書類の扱いを見れば、その人の仕事ぶりに問題があるかどうか推測できる」と言います。

「ある会社を指導するために事務所を訪ねたとき、設計図面が無造作に放置されているのに気づきました。しかも、図面の一部が折れ曲がっているばかりか、泥で汚れていました。設計図面と言えば、その仕事の基盤となる大事な〝宝物〟です。極端な話かもしれませんが、図面が汚れていれば、数字の『8』が『3』に見えてしまうおそれもあり、それが重大な問題につながりかねません」

書類にかぎらず、パソコンの中身も同じです。しばらく開いていないファイルが放置されていたり、ファイルがフォルダ分けされず、ひと目でどこにどの情報があるかわからない場合などは、そこに問題が潜んでいる可能性があります。

急いでいる人や場所に注目する

3つめは、人・モノ・情報の動きに注目することです。

急いでいる人がいる場所には、問題が眠っていることが多くあります。

トヨタの腕のいい作業者は動きがゆっくりしていて、いつも余裕を感じさせるといいます。動きや段取りにムダがないから、ゆっくりやっているように見えても効率がいいのです。

一方、汗をかきながら忙しそうに働いている人にかぎって腕が悪い。あせっていたり、急いでいたりする場合には必ずネガティブな理由があります。つまり、問題を抱えている兆候ともいえるのです。速足で歩いている人、残業している人も、そうせざるをえない「問題」があるはずです。

オフィスを見渡すと、余裕がない人が見つかります。次から次へとかかってくる電話の対応に追われている人は、一見、頑張っているように見えますが、その裏では電話対応に追われる理由となる問題（段取りが悪い、情報伝達ができていないなど）が潜んでいるはずです。

アウトプットを見る

4つめは、アウトプットを見ること。

仕事のアウトプット（成果物）が満足のいくものではないとき、期待していた効果を得られないときは、そのプロセスに問題が潜んでいます。

たとえば、「営業ノルマを達成できなかった」という場合、「顧客リストを集める」「アポイントをとる」「商談をする」「クロージングをする」といった営業プロセスのどこかにネックがある可能性があります。

自分や部署の仕事の中に「うまくいっていない」というものがあれば、そこに至るプロセスを確認してみましょう。

問題のありかをつかむヒントが眠っているかもしれません。

自分の仕事を「視える化」する

最後の５つめは、自分の仕事を「視える化」すること。

トレーナーの加藤由昭は、**「究極の視える化は、自分たちの仕事を撮影して、客観的に見ることだ」**と言います。

ある病院の指導に入った加藤は、病院のスタッフたちに自分たちの仕事ぶりをビデオで撮影するように提案しました。

そして、その撮影した映像を医師や看護師をはじめスタッフたちと一緒に見てみると、「看護師の動きが一定ではなく、人によってバラツキがあること」「看護助手の役割分担が明確でないこと」など、これまで意識していなかったムダがあることに気づいたのです。

その後、この病院の関係者は、看護師や看護助手のための作業要領書（標準書）をつくって仕事の標準化を図ったり、看護師と看護助手の仕事の振り分けを確認したりするといった対策をとることができました。

こうした取り組みの結果、看護師などの稼働率が高まり、1日にこなす検査数は約10％アップ、超過勤務は50％減少しました。

また、**まったく畑違いの部署の人や外部の人が入ると、問題が見つかりやすくなります**。つまり、他人の目を使って自分の仕事を「視える化」するのです。日常業務に慣れてしまうと、今やっていることが当たり前になり、仮に問題があっても気づきにくくなってしまいます。

しかし、新人や部署異動をしてきた人たちは、「なんでこんな面倒なことをしているのだろう」「この作業は意味があるのだろうか」などと疑問に思うケースが多々あるものです。ですから、部署の問題を特定するときには、部署横断のプロジェクトを立ち上げて問題解決に当たるのもひとつの方法です。

ここで紹介した5つのポイントは、あくまでも問題意識をもつためのアイデアです。必ずこれらの中に優先的に解決すべき問題が含まれているとはかぎりませんが、問題のタネが潜んでいることが多くあります。

STEP

1

問題の明確化

LECTURE

05

問題を絞り込む3つの視点

>> POINT

問題は1つではない。必ず複数ある。問題テーマを選ぶときは、「重要度・緊急度・拡大傾向」で絞り込む。

「重要度・緊急度・拡大傾向」で問題を評価する

職場で発生している問題は、1つだけとはかぎりません。同時多発的にたくさんの問題が発生、あるいは眠っている可能性があります。

そうした問題をすべて放置したままではいけません。発見した問題はすべて解決するのが原則です。しかし、一気にすべての問題の解決にとりかかるのは、時間も手間もかかるので、現実的ではありません。

そこで、起きている問題のテーマを絞り込む作業が必要になります。**問題テーマは1つに絞り、1つずつ順番に解決していくのが基本です。**

もちろん、現実的には同時並行で解決しなければならないケースもありますが、基本的に問題には重点的に取り組まないと、力が分散してしまい、中途半端に終わってしまいます。

取り組むべき問題を絞る指標はさまざまありますが、トヨタでは、次の3つの視点から評価することが多くあります。

❶重要度
❷緊急度
❸拡大傾向

❶重要度は、**「問題が影響をおよぼす範囲と大きさ」**です。

「影響の範囲」でいえば、職場内で困る程度であればそれなりに我慢はできますが、商品の品質やサービスの低下などお客様に迷惑をかけるような問題であれば、「重要度が高い」と考えるべきでしょう。

「影響の大きさ」でいえば、品質が悪い、原価が上がっている、納期に間に合わないといった問題は、信用を損なったり、経営を圧迫するなど、影響が小さくありません。すぐに対処すべき問題でしょう。

❷緊急度は、**「ただちに手を打たないと、どんな影響があるか」**という視点です。

身近な例でいえば、「1年間で120万円を貯金する」という場合、9カ月経過した時点で60万円しか貯まっていなかったら、このペースで行くと目標額には達しません。早急に食費を削ったりアルバイトをしたりするなどの対策が必要です。この場合は、緊急度が高いといえます。

職場でいえば、もしも放置したままでいると、目標が未達成に終わってしまったり、生産変動に対応できなかったり、お客様のクレームにつながったりするケースは、「緊急度が高い」と判断すべきです。

❸拡大傾向は、**「このまま放置しておいたら、どれだけ不具合が拡大するか」**という視点です。たとえば、このまま対策を打たないと、同種のクレーム品が他部署でも発生する危険性があるならば、すばやく対処しなければならない問題です。

3つ以上の視点から問題を評価する

複数の問題がある場合は、❶重要度、❷緊急度、❸拡大傾向の3つの視点から総合的に判断するといいでしょう。

たとえば、「クレーム品が発生している」という問題と「オフィス内の空調が悪く寒いときがある」という2つの問題があったら、当然、前者のほうが❶重要度も❷緊急度も高く、優先的に取り組むべき問題となります。

より客観的に問題を評価したいときは、❶重要度、❷緊急度、❸拡大傾向のそれぞれの項目ごとに「◎（高）」「○（中）」「△（低）」などの記号で評価し、「◎」の多いものを優先するといいでしょう（左ページ図参照）。

ここでポイントとなるのは、**3つ以上の複数の視点から判断することです。**トレーナーの大嶋弘《おおしまひろし》は、このようなたとえ話でその重要性を説明します。

「男女の恋愛でも『あなたのすべてが好き』と言われてもピンときません。『やさしい性格と料理が上手なところが好き』と言われたほうが、どれだけ好きかが伝わりやすくなりますし、説得力が違います。これと同じで、問題も複数の視点からとらえることにより、その問題の大きさが浮き彫りになるのです」

なお、**指標は、❶重要度、❷緊急度、❸拡大傾向の3つでなければならないというルールはありません。**場合によっては、重要度の指標が3つ並んでもいいですし、「実現可能性」（現実的に実行可能かという視点）など、他の指標に置き換えてもかまいません。自分の職場や仕事が重視する項目によって、カスタマイズするといいでしょう。

3つの視点から問題を評価する(例)

	問題テーマ	❶重要度	❷緊急度	❸拡大傾向	優先順位
1	クレーム品が多い	◎	◎	◎	1
2	顧客情報が共有されていない	○	△	◎	3
3	残業が多い	◎	○	○	2

[❶重要度] 問題が影響をおよぼす範囲と大きさ

[❷緊急度] ただちに手を打たないと、どんな影響があるか

[❸拡大傾向] このまま放置しておいたら、どれだけ不具合が拡大するか

STEP 1 問題の明確化

LECTURE 06

問題は「データ」で示す

>> POINT

問題テーマを選ぶときは、それに取り組む理由が明確でないといけない。その根拠となるのが「データ」である。

問題テーマを選んだ理由を明確にする

問題テーマを選ぶときは、その理由を明確にする必要があります。

この理由が明確でないと、事の重大さを認識できず、問題に対する危機感も下がってしまいます。

トヨタでは、問題テーマを選定するとき、3つのポイントからチェックします。

1つめは、**「なぜこの問題テーマを取り上げたのか」を明確に説明できるかどうか。**

2つめは、先述の**「重要度・緊急度・拡大傾向」の3つの視点から理由を挙げること。**もちろん、問題の大きさや業種によっては、3つすべての視点から理由を挙げられないかもしれませんが、問題に取り組まなければならない根拠をできるだけ多く挙げるのが理想です。

3つめは、**重要度・緊急度・拡大傾向をデータで示すことです。**

たとえば、「クレーム品の発生を減らす」という問題テーマであれば、「工場別でワースト1位」（重要度）、「このままでは目標を達成できない」（緊急度）、「さらに悪化する可能性が高い」（拡大傾向）といった現実をデータであらわし、裏づけをとります（左ページ図参照）。

製造業では、普段からデータ化しているケースが多いので比較的簡単ですが、オフィスワークなどではデータ化されている材料は少ないでしょう。

しかし、**できるかぎり定量化することで、問題が明確になりますし、問題の重大さも共有できます。**たとえば、「残業時間」を減らすという問題テーマであれば、期間ごと、あるいは部署ごとの残業時間のデータなどをそろえる必要があります。

対策案を問題テーマとして取り上げてはいけない

問題テーマを選ぶときに、気をつけていただきたいことがあります。

それは、対策案をテーマに取り上げないということです。

「商品の露出が少ない」を問題テーマに選んだとします。

問題の選定理由はデータで示す

［問題テーマ］

クレーム品の発生を減らす

重要度

全社でワースト1

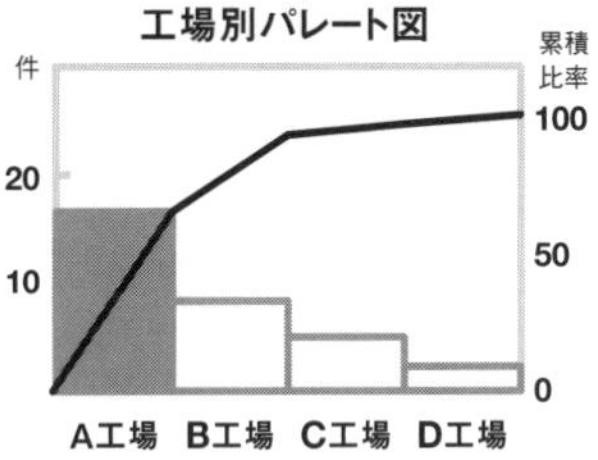
工場別パレート図
件
累積比率
20
10
100
50
0
A工場
B工場
C工場
D工場

緊急度

目標を達成できない

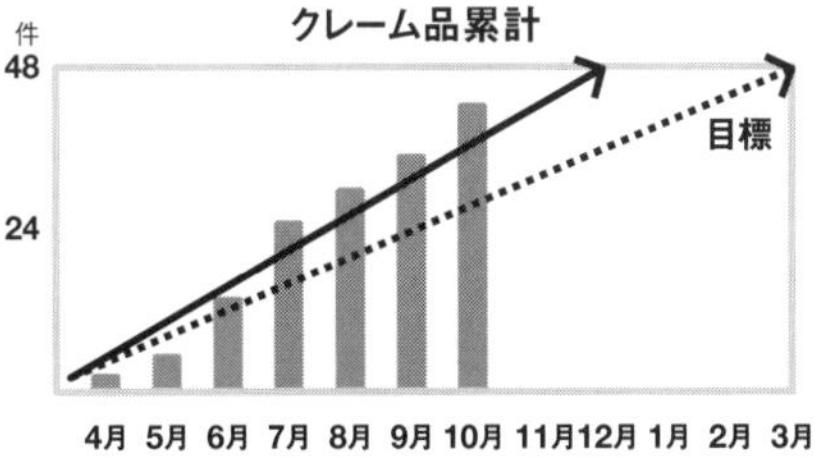
クレーム品累計
件
48
24
目標
4月
5月
6月
7月
8月
9月
10月
11月
12月
1月
2月
3月

拡大傾向

さらに悪化する

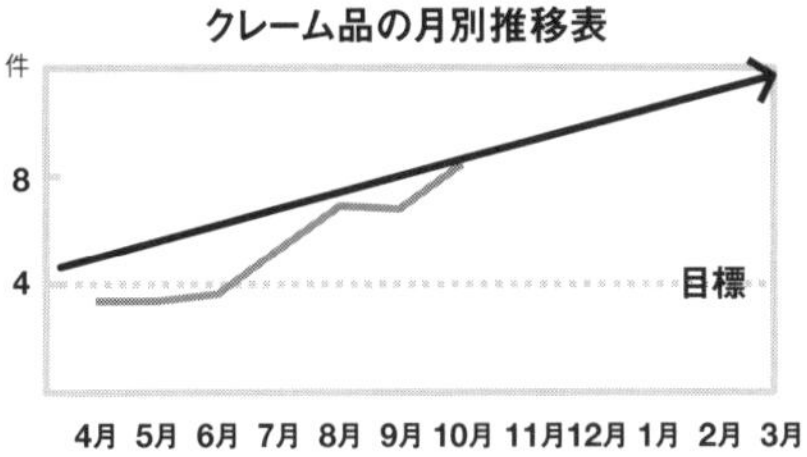
クレーム品の月別推移表
件
8
4
目標
4月
5月
6月
7月
8月
9月
10月
11月
12月
1月
2月
3月

しかし、問題を選定した時点でその解決方法が思い浮かんでいる人は、「ＣＭの出稿量を増やして商品の露出を増やす」という対策まで考えてしまいがちです。

しかし、この時点で対策を絞ってしまうと、他の対策案が見えなくなってしまいます。商品の露出を増やすには、ＣＭのほかにも、ウェブによるマーケティングや店頭でのキャンペーンなど、対策案候補があります。

本当の原因やそれに対する対策は、このあとのステップでじっくり検討するので、ステップ❶の段階では、文字通り問題テーマを明確にすることに注力すべきです。

すでに問題が明確なときはどうする？

実際のビジネスの現場では、すでに問題テーマがわかっていることもあります。

たとえば、「機械の不具合で不良品が発生している」「このままでは上司から与えられた売上の前年対比５％増の目標達成が危うい」という場合は、すでにそれが問題テーマとして、目の前にあきらかになっています。

トレーナーの大嶋弘は、「このようなケースでは、ステップ❶の一部をスキップする場合もある」と言います。
「特に、1人で問題解決をするケースで、問題が目の前で起こっているとき、すなわち発生型問題の場合は、ステップ❶の中の『問題発見』の項目が不要なケースがあります。ただし、この場合も、さまざまな問題が発生している中で、なぜその問題を選んだのかを明確にしておいてください。**設定型問題解決で、自分で新しい『あるべき姿』を設定したいときなどは、問題の明確化からはじめる必要があります。**また、職場で複数人が集まって一緒に問題解決をする場合は、情報の共有化という意味でも、ステップ❶を飛ばさないほうがメリットがあります」

問題の種類や緊急度、1人か複数人かなど状況に合わせて、ステップ❶に取り組むかどうかを決めるといいでしょう。

STEP

1

問題の明確化

LECTURE

07

最初は〝思いつき〟でもいい

>> POINT

問題解決の初心者は「何が問題か」さえわからないことが多い。まずは考えることに慣れるのが肝心である。

知恵を絞ると問題が見えてくる

問題解決にはじめて取り組む人は、問題テーマを選定するというだけでむずかしく感じるかもしれません。

しかし、最初はみんな試行錯誤をしながら、徐々に習得していくのが普通です。

トレーナーの大嶋弘は、こう言います。

「トヨタでは、入社直後からじっくり時間をかけて先輩や上司が問題解決の手法を教えてくれますが、私が問題解決の手法をレクチャーする指導先の社員のほとんどは、問題解決などしたことがない方々ばかりです。研修ではトヨタで使っているA3サイズの問題解決シートに記入する方法を教えるのですが、たいていは鉛筆を持ったままフリーズしてしまいます。理屈はわかっても、何をどう考え、表現したらよいかわからないのです。

だから、私は先輩社員の中に問題解決シートを書いたことがある人がいれば、それをマネしてもいいですと、ハードルを下げます。そういう先輩がいなければ、〝思いつき〟でもいいからシートの中身を埋めてくださいと、さらにハードルを下げます」

もちろん、〝思いつき〟では問題解決にはなりません。しかし、問題解決にアレルギーをもっている人は、何よりまずは自分で考えてみることが大切なのです。

自分の頭で知恵を絞ることによって、はじめて問題が見えてくるものです。

むずかしそうだと感じたら、まずはメモでもとりながら頭を働かせてみましょう。自分の頭で考えることが、問題解決が上達する最初の一歩になるのです。

「ボーリングで高スコアを上げる」にはどうする？

問題解決にアレルギーがある人は、仕事以外の私生活の分野で問題テーマを見つけて、トレーニングをしてもいいでしょう。トヨタでは、新入社員の頃から問題解決の考え方を叩き込まれますが、最初は仕事の内容をあまりわかっていないので、仕事以外のテーマを選んで問題解決に慣れ親しんでもらいます。

トレーナーの谷勝美は、トヨタ時代にこんな部下がいたと言います。

「ある新入社員は、ボーリングの高スコアの出し方をテーマに問題解決の基本を学んでいました。彼はトヨタのモットーである三現主義（現地・現物・現実）に沿って、実際にボーリング場に頻繁に通うことによって、問題解決に対する興味をもつようになりました。問題解決に慣れ親しむためには、こうした身近な問題をテーマにするのもひとつの方法です」

そのほかにも、「恋人をつくるには？」「おいしいカレーライスをつくるには？」といった自分が興味のあるテーマで問題解決のステップを学ぶのも一法です。

人を責めずに、しくみを責める

従業員に問題解決を促す側の経営陣や上司は、自分の頭で考えられるような環境をつくり、部下をフォローする姿勢を忘れてはいけません。

トレーナーの近江卓雄は、**「『人は悪いことを隠そうとする』という前提で部下の面倒を見ないといけない」**と話します。

「トヨタで働いていた若い頃は私もそうでしたが、人は都合の悪いことは隠そうとしたり、面倒なことは手を抜こうとします。私自身も不良品が出ても上司にバレないように隠して報告しなかったり、チェックシートの内容を確認せずに承認印を押したこともあります。これが人の本質ではないでしょうか。だからこそ、そういう前提で部下をフォローする必要があります」

問題解決に取り組むと、当然ながら直視したくない問題にぶつかることもあります。そのとき、部下に対して「なぜ、こんな状態になっているんだ！」「今まで何をしてきたんだ！」と怒れば、萎縮して問題を隠そうとします。これでは、問題解決をするための考える力は育まれません。

人を責めるのではなく、そのような問題を発生させているしくみに焦点を合わせて、一緒に問題解決に当たる姿勢が必要です。

STEP >>
0
1
2
3
4
5
6
7
8

[STEP]

2

現状を把握する

現時点で、問題はまだ
大きくてあいまいである。
自ら取り組める具体的な問題に
ブレイクダウンする。

[STEP]

2

現状把握

LECTURE 01

問題をブレイクダウンする

>> POINT

解決すべき「攻撃対象」を決めるには、問題の現状を把握し、データの「バラツキ」を発見することが重要である。

「攻撃対象」を決める

問題を発見したら、問題をブレイクダウン（分解）する必要があります。

問題の多くは、さまざまな小さな問題が複雑に絡み合って生じているため、まだ大きくてあいまいな状態である可能性があります。

たとえば、「クレーム品の発生を減らす」という問題テーマのままでは、何が重要な問題であり、どこから手をつければいいかわかりません。

また、問題が大きいままだと個人のレベルでは、具体的にやるべきことが見えてきません。

そこで、**大きな問題をブレイクダウンし、自ら取り組むことができる具体的な問題に整理していきます。**大きな問題をより小さな問題に分解し、優先的に手をつける問題を特定するイメージです。

つまり、具体的に解決すべき「攻撃対象」を決めるのです。

ここで気をつけなければならないのは、**「攻撃対象」を決める前に対策を打ってしまうことです。**

トレーナーの谷勝美は、こう言います。

「特に経験豊富なベテランや優秀な人ほど、思い込みでいきなり対策に走りがちです。『こういう問題には、こう対処すればうまくいく』という方程式が自分の中にできあがっていて、今まで結果も出してきたのでしょう。結果的にうまく問題解決につながればいいのですが、思い込みによって先走りすぎると、本来解決すべき問題にたどり着かず、ピントが外れた対策を打つ結果になりがちです」

問題の現状をデータで把握する

「攻撃対象」を見つけるには、次のステップを踏むのがポイントとなります。

①問題の現状をあきらかにする

②バラツキを見つける

まずは問題の現状をあきらかにします。

「クレーム品の発生を減らす」という問題テーマで考えてみましょう。問題を正確にブレイクダウンするには、事実を定量的に数字で把握しておかなければなりません。

ここで「なんとなく」という感じで進めてしまうと、大本があいまいなので、本当の問題を特定できず、あいまいな対策しか出せません。

ステップ❶「問題を明確にする」の段階で、問題の選定理由を「重要度・緊急度・拡大傾向」の3つの視点からデータで示すことができているのであれば、そのデータを問題の現状として利用することができます。

ここで復習しておくと、「工場別でワースト1位」（重要度）、「このままでは目標を達成できない」（緊急度）、「さらに悪化する可能性が高い」（拡大傾向）という3つの現状データを根拠に、「クレーム品の発生を減らす」という問題テーマを定めました

（103ページ参照）。

問題を「層別」し、具体化する

問題の現状をデータで把握したら、次にデータの「バラツキ」を見つけます。

そのための方法が「層別」というものです。

層別とは、トヨタのQCサークル活動で用いられる「7つ道具」を分析するための重要な手法です。

ちなみに、QCサークルとは　改善活動を自主的に進める集団のことで、4～5人ほどのメンバーで構成されます。

メンバー全員で職場の改善テーマを決めて、問題解決をしていきます。入社1～10年めくらいの若い一般社員にとっては、QCサークルが、問題解決の8ステップを学ぶ場となっています。

「層別」は、データを多面的にとらえるのが目的です。たとえば、人別、年齢別、場

所別、商品別、機種別などの同じ共通点をもつグループに分類するのです。こうして層別に分けることで、漠然としていたデータの特徴がはっきりと浮かび上がってきます。

たとえば、「クレーム品の発生が工場別でワースト1位」（重要度）というデータを層別に分けてみましょう。

「発生部署別」→「品名別」→「不良の種類別」の順番でそれぞれ層別し、パレート図で展開してクレーム品が発生した件数が大きい順に並べてみたところ、118ページ図のようになりました。

なお、パレート図とは、QCサークルで用いられる「7つ道具」のひとつで、数値が大きいほうから小さいほうへ降順にプロットされた棒グラフと、その数値の累積構成比をあらわす折れ線グラフを組み合わせたグラフのことです。

「発生部署別」では、18件のクレーム品のうち10件が「製造部門」で発生していました。つまり、発生部署としてはさまざまな「バラツキ」があったものの、約60％が製

問題を「層別」する

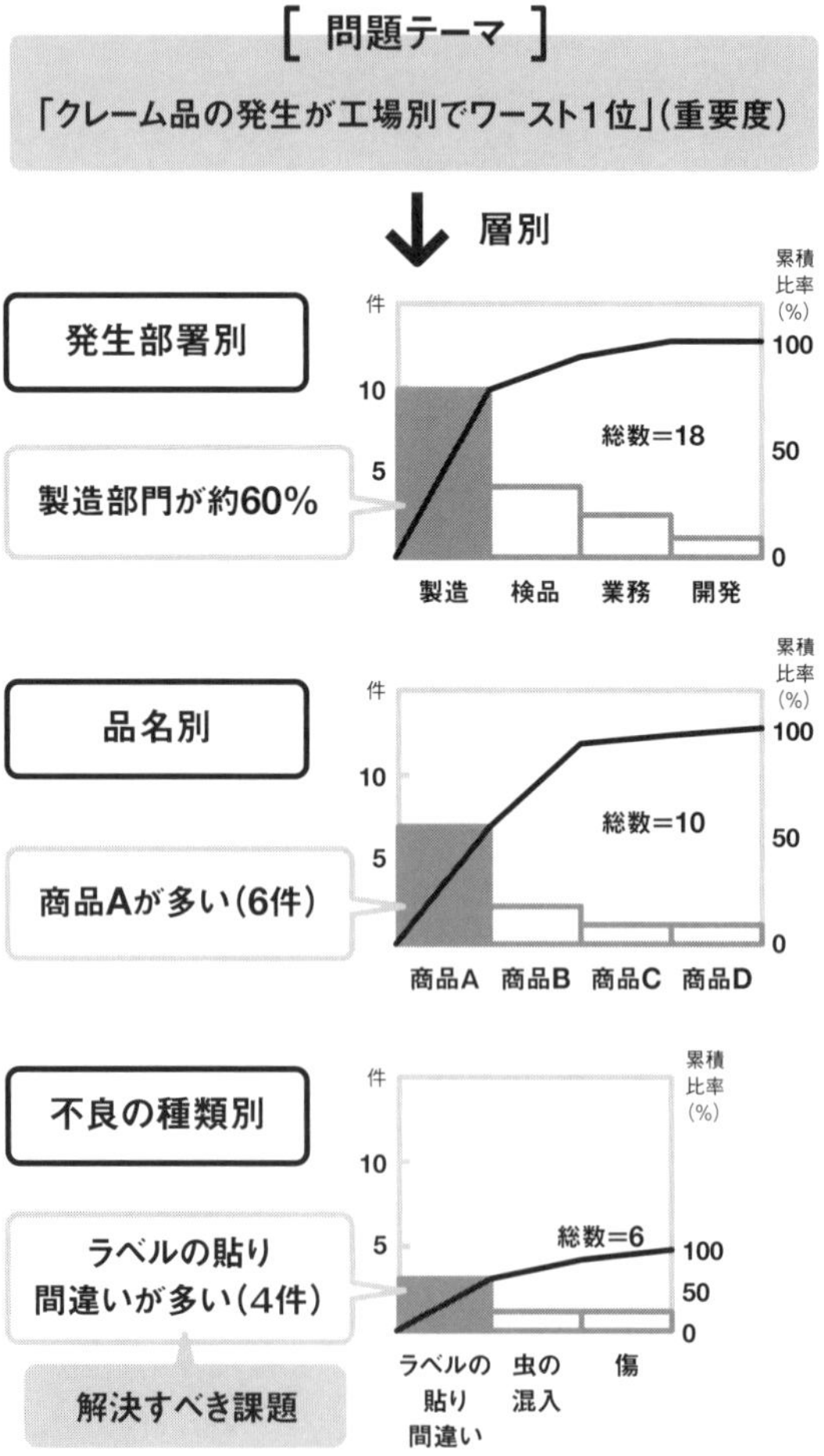

［問題テーマ］
「クレーム品の発生が工場別でワースト1位」（重要度）
層別
発生部署別
製造部門が約60％
件
10
5
累積
比率
（%）
100
50
0
総数＝18
製造
検品
業務
開発
品名別
商品Aが多い（6件）
件
10
5
累積
比率
（%）
100
50
0
総数＝10
商品A
商品B
商品C
商品D
不良の種類別
ラベルの貼り
間違いが多い（4件）
解決すべき課題
件
10
5
累積
比率
（%）
総数＝6
100
50
0
ラベルの貼り間違い
虫の混入
傷

造部門に原因があり、他の部署と比べて圧倒的に発生率が高いことがわかります。

これが「バラッキを見つける」ということです。

次に、製造部門で起きたクレーム品を「品名別」に層別すると、10件のうち6件が商品Aで発生していることがわかりました。

最後に、商品Aで発生したクレーム品を「不良の種類別」に層別したところ、4件が「ラベルの貼り間違い」が原因で、クレームにつながっていました。

つまり、**層別によって問題を明確にしていくと、「ラベルの貼り間違い」が真っ先に解決すべき問題だと判明するのです。**

STEP 2 現状把握

LECTURE 02

データの「バラツキ」を探せ

>> POINT

データ上の「バラツキ」があるところに問題が潜んでいる。
さまざまな切り口からデータを切り取ることが大切である。

層別には感度の良いものと悪いものがある

層別するときのポイントは、データのバラツキをつかむことです。「バラツキ」とは、要因がさまざまに分かれていること、かつその中でどこかの割合が高いことをいいます。

先ほどの例でいえば、「発生部署別」に層別したところ、さまざまな発生部署がある中でも製造部門でクレーム品が多く発生しているというデータ上の「バラツキ」が明確にあらわれていました。こうしたバラツキのあるところに、問題は潜んでいます。

反対に、「発生部署別」に層別したところ、製造部門でも検品部門でも業務部門でも同じような頻度でクレーム品が発生しているというデータがあきらかになったら、どこに問題があるかわかりません。

このように層別の切り口には、感度の良いものと悪いものがあります。

もちろん、こうした層別は、慣れないうちはむずかしく感じるかもしれません。バラッキのある感度の良い層別に、なかなかたどり着けないこともあります。

このようなケースでも、いろいろと試してみることが大事です。

最初は、「〜かもしれない」と思ったことをすべて層別してみるのです。そして、感度が悪いなと思ったら、その層別には固執せずに、次に怪しいと思った層別に取り組むのがコツです。

たとえば、マンション販売の実績を層別する場合、まずは「価格帯別」に層別してみたところ、バラツキがあまりなく感度が悪かったとします。そんなときは、「購入者年齢別」「地域別」などで層別してみる。

こうしたプロセスを繰り返していくうちに、感度の良い層別に当たり、問題のありかが具体化します。

4つの「W」で層別する

層別の切り口は山ほどありますが、どこから手をつけていいかわからない場合、基本的には4つの「W」、すなわち「何が（What）」「どこに（Where）」「いつ（When）」「誰（Who）」の切り口で分けてみましょう。

マンション販売の目標が未達の場合の層別の切り口には、たとえば次のようなものが考えられるでしょう。

- **何が（What）**：部屋タイプ別
- **どこに（Where）**：地域別、販売店別、販売ルート別（店頭か訪問か）
- **いつ（When）**：月別、週別、平日か土日か
- **誰（Who）**：年齢別、自社客か他社客か

さまざまな層別を試していくことで、しだいに「この問題の場合は、この層別が怪しい」というように勘が働くようになってくるはずです。

データがない職場はデータをとることからはじめる

このようにステップ❷「現状を把握する」では、データをもとに考えることが重要になります。データがなければ層別をして問題のありかを特定することもできません。トレーナーの大嶋弘は、「普段からデータをとっていない会社が実に多い」と指摘します。

「製造業などでも日々のデータをとる習慣のない職場は、意外と少なくありません。『面倒だ』といった理由でデータが管理されていない職場は、問題があること自体に気づきにくくなります。そして、現場で不具合が起きても対処療法をして終わり。根本的な問題は解決していないから、再び問題が発生してしまいます。このような職場では、まずはデータをとることからはじめることをおすすめします」

たとえば、ある問題が原因でクレームが発生しているときに、「お客様に謝って、製品を取り換えておしまい」といった対処療法を繰り返していたら、再び同じようなクレームを受けることになります。

このとき、**データを管理できていれば、「同じ部門で1カ月に5件もクレームが発生している。これは大変だ」というように問題に気づきやすくなります。**

しかし、クレーム件数を把握できるデータが残っていなければ、「たまたま運が悪かった」「少しぐらいのクレームがあるのは当たり前」といった程度の意識でその場をやり過ごしてしまいます。

データがなければ層別もできないので、問題の特定もしにくくなるのです。

STEP

2

現状把握

LECTURE

03

「三現主義」で問題点を特定する

>> POINT

問題は必ず現場で発生している。「現地・現物・現実」の三現主義の観点から、現場を見ることで問題が見えてくる。

「現地・現物・現実」が問題点をあぶり出す

問題の現状をあきらかにし、バラツキを見つけていく段階で、心がけておきたい点があります。

それは、「三現主義で問題点を特定していく」ということです。

「現地・現物・現実」の3つは、トヨタで重要視されている考え方で、「現場を見ることで真実が見える」とされています。トヨタでは、問題解決で現状を把握する際も、この三現主義を徹底しています。

問題のある状態は、突然生じるわけではありません。そこに至るプロセスが必ずあります。三現主義にもとづいて次のようなアクションをとることで、どのプロセスに問題があるか見えてきます。

- 客観的なデータをそろえてバラツキを見る
- 現場に行って自分の目で確認する

・自分でも体験してみる
・お客様や販売店、関係部署の人の話を聞く

このように実際に起きていることを自分の目と耳で確認することによって、どこに問題があるのかが現実味をもって見えてくるのです。

オフィスでも「三現主義」を実践する

工場のように作業の工程がはっきりしていて、データをとりやすい現場では、三現主義を徹底すればするほど、問題を特定しやすくなります。

しかし、事務系や企画系のオフィスワーク中心の職場では、仕事のプロセスがはっきりしておらず、定量的なデータもとりにくいケースが多いでしょう。

工場と比べて目で見て、耳で聞いて問題点を見つけるのは簡単ではありません。

しかし、プロセスがない仕事はありません。

何かしらのアウトプットを生む以上、そのアウトプットに至るプロセスが必ずあり

ます。

日頃、自分がどういう仕事をしているかをフローに沿って詳細に書き出し、整理することによって、問題が見えてくることがあります。

たとえば、「企画プレゼンの採用率が低い」という問題テーマがあるとしたら、企画をプレゼンするまでのいくつかのプロセスを書き出します。

・作業❶：企画テーマを決める
↓
・作業❷：情報収集をする
↓
・作業❸：市場分析をする
↓
・作業❹：企画書をまとめる
↓
・作業❺：お客様にプレゼンをする

このように自分の仕事のプロセスをさかのぼり、分解していくと、どこに問題がありそうなのか見えてくることがあります。

企画テーマの設定自体が悪いのか、それとも企画書やスライドが読みにくいのか、あるいはプレゼンの話し方に問題があるのか——といった見当がついたら、問題を見つけやすくなります。

どこに問題があるか目星がついたら、上司のアドバイスを求めたり、ライバル他社の動向をヒアリングしたり、お客様のニーズを確認したり、といった三現主義で事実を確かめながら、問題を絞り込んでいくのです。

このときのポイントは、漠然とした仕事ではなく、具体的な仕事を書き出すことです。 たとえば、「営業活動をする」では大きすぎます。

「顧客リストをつくる」「営業のアポイントをとる」「見積書をつくる」「クロージングをする」というように、できるだけ業務を細かく洗い出すことにより、自分がどういう点が弱いか、うまくいっていないかが見えやすくなります。

自分の仕事の現場を見ることが、問題を特定するうえで大切です。

仕事のフローから問題を発見する

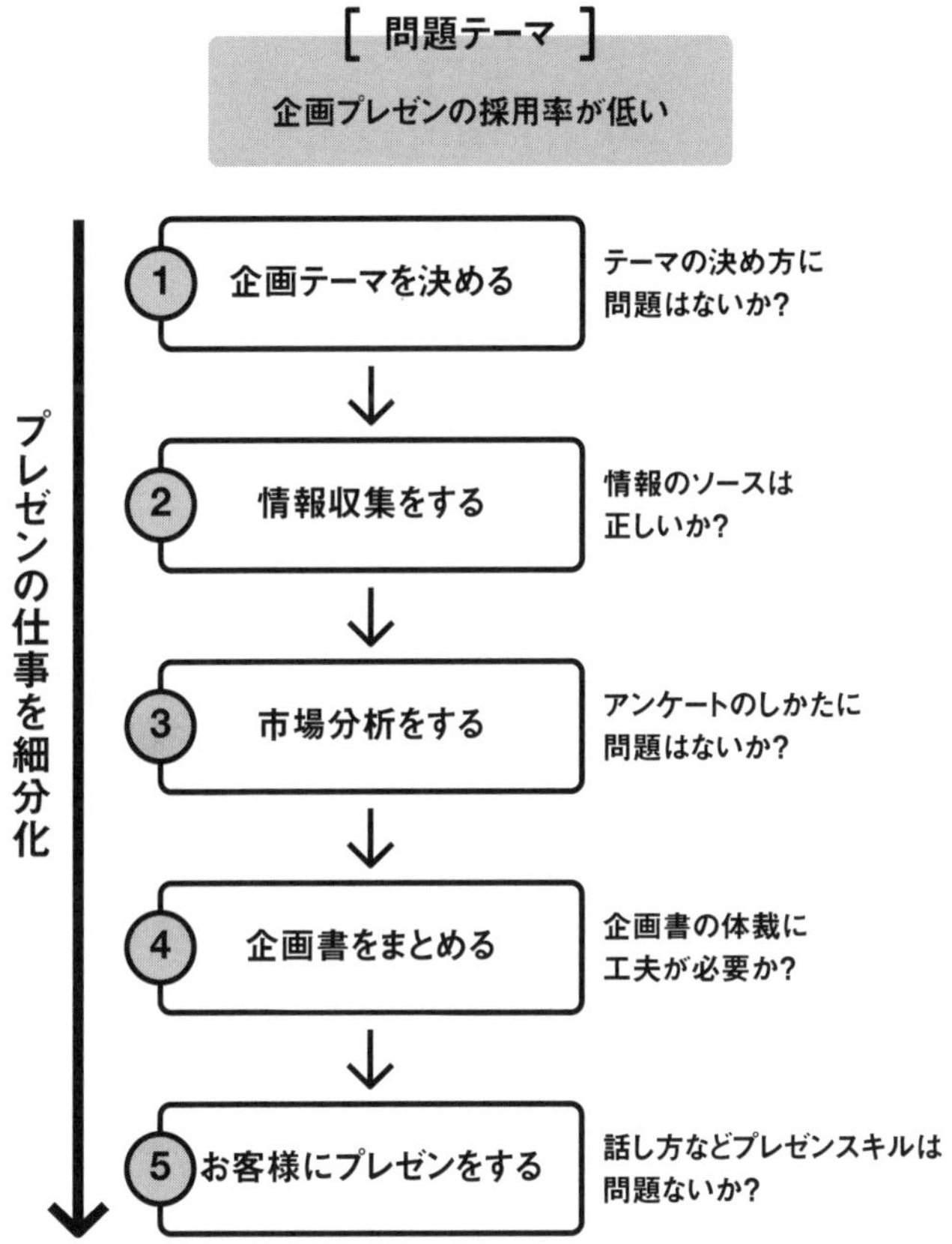
[問題テーマ]
企画プレゼンの採用率が低い
プレゼンの仕事を細分化
1 企画テーマを決める
テーマの決め方に問題はないか?
2 情報収集をする
情報のソースは正しいか?
3 市場分析をする
アンケートのしかたに問題はないか?
4 企画書をまとめる
企画書の体裁に工夫が必要か?
5 お客様にプレゼンをする
話し方などプレゼンスキルは問題ないか?

STEP 2 現状把握

LECTURE 04

取り組む問題は欲張ってはいけない

>> POINT

大きな問題から一気に解決しようとすると挫折しやすい。小さな問題から解決するのが成功の秘訣である。

大きな問題は小さく絞ってから解決する

取り組む問題を決めるときは、「大きな問題を解決しよう」と欲張りすぎてはいけません。

たとえば、「製品の品質を上げる」というテーマだと、品質を上げるための方策すべてが対象になり、何から手をつけたらいいかわかりません。この場合、「傷をなくす」、あるいは「へこみをなくす」というように絞り込んでいくことにより、対策実施までやり抜くことができます。

営業の場合でいえば、「販売計画の精度を上げる」というテーマを問題として設定しても、現状の販売データさえきちんととっていない職場であれば、販売計画の精度を上げるという問題は解決しません。まずは、「現状の販売データを数値化して把握していない」ことを問題としてとらえ、販売データの把握からはじめるべきです。

大きな問題テーマは、いずれ取り組まないといけないものですが、欲張ってこれらを一気に片づけようとすると、やることが多すぎて挫折することになります。

そこで、A・B・C・Dという4つの小さい問題に分けられるなら、重要度や緊急度を勘案してAとBに絞ったり、Aだけに絞ることを考える。あるいは、AをクリアしてからB〜Dの問題に取り組んでも遅くありません。

すぐに解決できないような大きな問題は、「今年はこの部分に手をつける」というように、少しずつまわりから崩していくやり方でもかまいません。

いちばんやってはならないのは、いずれ解決しなければならないのに、「時間がかかるからやらない」と言って問題を放置することです。

「小枝」から「幹」へと攻める

トレーナーの山口悦次も小さな問題から取り組むことを提唱しています。

「大きな問題をブレイクダウンしていくと、どんどん問題が小さくなっていきますが、多くの人はすぐに解決につながりそうな中くらいの問題から手をつけようとします。しかし、そういう問題にかぎって、自分の責任の範囲内でできなかったり、お金や手間がかかったりするので、結局挫折してしまいます。

私は『モノづくりは一筆書きでつながっている』という表現を個人的によく使っていますが、**大問題と中問題と小問題はつながっています。問題の構成そのものは変わりません。つまり、小さな問題から手をつけても、それを解決していけば、いずれ中問題や大問題につながっていきます**」


山口が指導で訪れた会社では、「タッチアップ作業」という工程が問題になっていました。タッチアップ作業とは、塗装の塗り残しや小さな傷がついて塗装がはげてしまった箇所を、筆を使って塗り直す作業のことです。この工程に時間がかかっていたために、問題としてやり玉に挙がったのです。

本来であれば、この工程をなくすような対策をとれれば問題が解決しますが、他の工程にも関わることなのでなくすのは簡単ではありません。

しかし、欲張りな人ほど「タッチアップ作業の工程をなくす」という問題に取り組んで、挫折してしまいます。

一方、指導先の会社のメンバーは、もっと小さな問題に着目しました。タッチアップ作業のときに使う筆の形状です。これまで使っていた筆だと2～3回塗る必要がありました。そこで、1回で塗れる形状の筆に変更しました。

すなわち、メンバーは工程をなくすのではなく、タッチアップ作業の時間を短縮する方向で改善を行なったのです。

そのあとにメンバーが取り組んだ問題は、塗料です。塗料と硬化剤を混ぜ合わせて使わなければならないのですが、その混ぜ合わせる比率によっては、1回でキレイに塗れないこともありました。そこで、塗料メーカーまで足を運んで、塗料と硬化剤は16：4の割合が適当であることを調べてきました。

次にメンバーが取り組んだのは、塗料を混ぜ合わせる容器。タッチアップ作業に使う塗料の量はわずかなので、容器が大きいと残った分が乾燥してムダになっていました。また、容器が大きいと調合の比率を合わせるのがむずかしいという問題もありました。

そこで、メンバーが注目したのは、かき氷にシロップをかけるときに使う器具です。ちょうど10ccになるサイズの器具を買ってきて、それを使って調合することによって、塗料を混ぜ合わせる容器の問題を解決することができました。

小問題は大問題につながっている

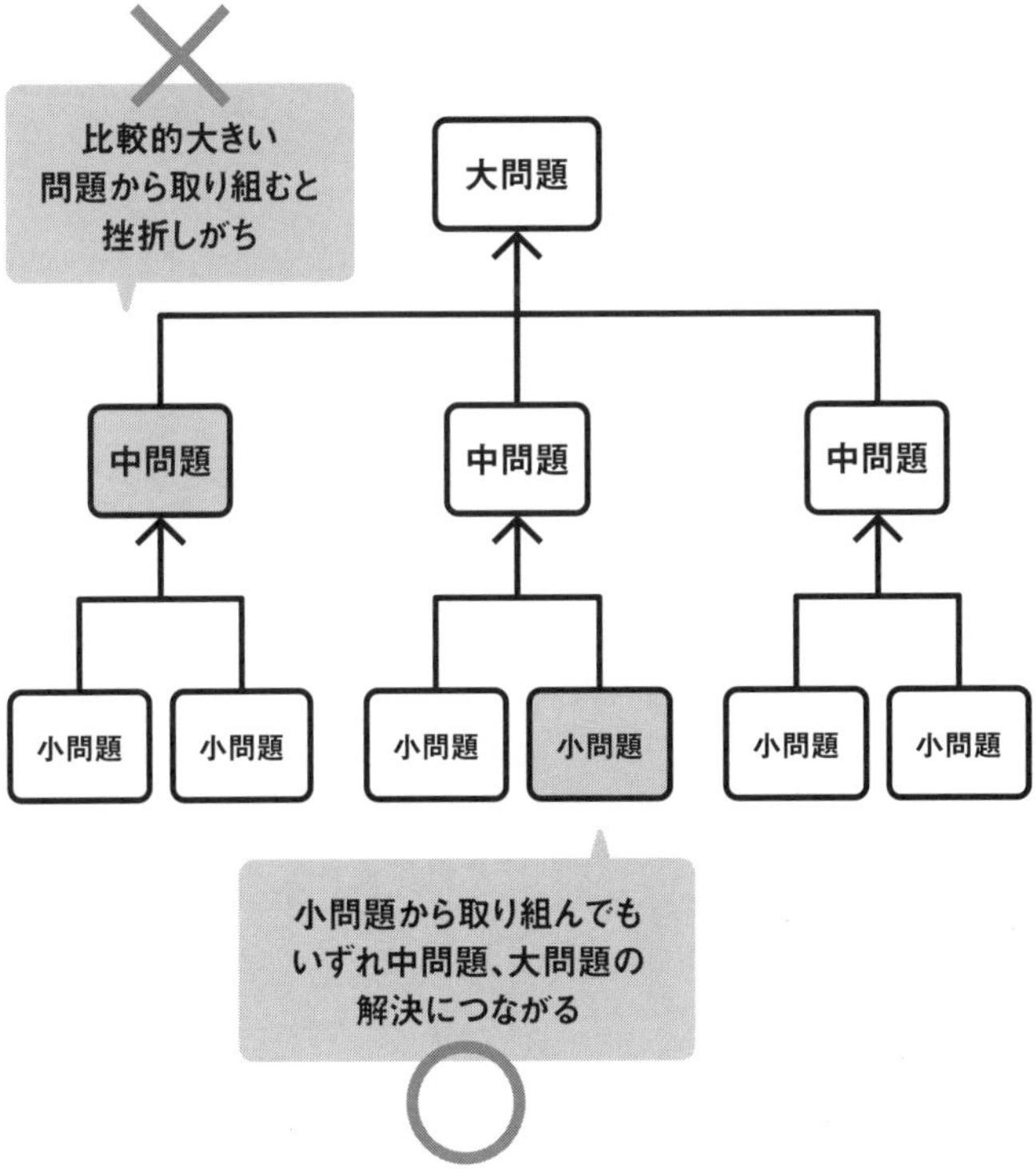
比較的大きい
問題から取り組むと
挫折しがち
大問題
中問題
中問題
中問題
小問題
小問題
小問題
小問題
小問題
小問題
小問題から取り組んでも
いずれ中問題、大問題の
解決につながる

しかし、問題はまだありました。シロップをかける器具は細長くて倒れやすかったのです。これは、カフェのテイクアウトでコーヒーを買うとついてくるフタを容器として代用することで解決しました。

山口は、メンバーたちの取り組みの意義をこう語ります。

「このように問題解決を積み重ねることによって、大幅にタッチアップ作業の時間を短縮することができました。ここでのいちばんのポイントは、**小さな問題から取り組んだことです。自分たちの力で解決できる問題から取り組むことにより、頭を使って考えますし、小さな成功が自信になります。**

その後、このメンバーたちは、『タッチアップ作業の工程をなくせないか』というテーマに取り組んでいます。まわり道をしているように感じるかもしれませんが、いきなり工程をなくすという問題にとりかかるよりも、小さな問題から改善を積み重ねたほうが、はるかに知恵が出やすいといえます」

特に問題解決に慣れていない人は、比較的大きな問題ではなく、小さくて身近な問

小問題の解決から大問題の解決へ

［問題テーマ］

タッチアップ工程に時間がかかる

大問題　タッチアップの工程をなくせないか？

↑ 対策　コーヒーのフタで代用

容器が倒れないようにするには？

↑ 対策　かき氷のシロップかけを活用して、少量で調合

塗料が残らないようにするには？

↑ 対策　塗料と硬化剤の混合率を改善

キレイに塗るにはどうするか？

↑ 対策　筆の形状を変更

小問題　1回で塗料を塗れないか？

題から手をつけていくと、問題解決力が上がっていきます。**「幹からではなく、小枝から攻める」のが上達の秘訣です。**

「横展」できるものがいい

小さな改善は誰でもできるので、他の職場でも応用が利きやすいというメリットがあります。

したがって、「横展」できるような問題をテーマにするのが理想です。

横展とは、トヨタ生産方式の用語で、「横展開」の略です。「あるラインや作業場などで成功した対策を他の類似のラインや作業場に展開する」ことをあらわします。成功事例を横展開することによって、会社全体の力が底上げされます。

「うちの職場・現場でも同じような問題で困っている」というような問題を解決できると、その対策が会社全体に広がって、あちらこちらで問題が解決されていきます。

個別の特殊な問題よりも、「みんなが困っていることはあるか?」という視点から普遍性のある問題に着目することも、この段階では大切なことです。

PART 2
問題解決の8ステップ

STEP >>
0
1
2
3
4
5
6
7
8

STEP 3

目標を設定する

問題を特定できたら、
その問題の解決に向けて
情熱と責任をもって取り組めるような
「目標」を掲げる。

STEP

3

目標設定

LECTURE

01

「あるべき姿」と「目標」は異なる

>> POINT

目標は、「あるべき姿」ではない。「やること」でも「手段」でもない。少し背伸びをする目標を立てるのがポイント。

「やること」と「手段」は目標ではない

問題点が明確になったら、取り組む問題に対して「達成目標」を決めます。

達成目標を決めるときに気をつけたいポイントが4点あります。


1つめは、**「やること」を目標にしないことです。**

たとえば、「部門の企画提出件数を増やす」というのは、実施する内容を表明したにすぎません。


これは初歩的な間違いです。

この場合、「今年度中に各部員がそれぞれ企画書の採用率を20％アップさせる」というように目指す地点を示すような目標にしなければなりません。


2つめは、**手段を目標にしないこと。**

たとえば、企画書の採用率を上げるためには、「情報収集」や「プレゼン力のアップ」といったことが必要になりますが、これらはあくまでも目標を達成するための手段にすぎません。

手段が目標になってしまうと、手段を講じた段階で満足してしまい、問題の解決に結びつきません。

少し背伸びするような目標を立てる

3つめは、問題解決をするうえでよく発生するミスです。それは、**「あるべき姿」と「目標」を一致させてしまうことです。**

ステップ❷「現状を把握する」で「あるべき姿」を達成するうえでの大きな問題点をより具体的に細分化したことを思い出してください。

ですから、ここで設定する目標は、その細分化した具体的な問題を取り除くための目標でなければなりません。

たとえば、「国内売上の前年対比20％アップ」というのが「あるべき姿」であれば、「国内売上の前年対比20％アップ」のままでは目標になりません。

「東北地方の売上の前年対比40％アップ」「20代顧客の売上の前年対比25％アップ」といったより具体的な目標になっていなければなりません。

つまり、目標設定の段階では、「あるべき姿」を実現する目標ではなく、そこに至る過程としての目標を立てることになるのです。

ここで立てる目標は、「あるべき姿」に近づけるものである必要があります（146ページ図参照）。

4つめは、**すぐに達成できる目標を立ててしまうことです。**

人は自分に甘いので、どうしても簡単に達成できそうな目標を立ててしまいがちです。

トレーナーの中島輝雄は、**「少し背伸びをしないといけないような目標を立てるのがコツだ」**と言います。

「トヨタでは『世界生産1000万台』というビジョンが示されましたが、当時はまだ600万台にも達していなかったので、400万台以上も開きがありました。『そ

「あるべき姿」と目標は異なる

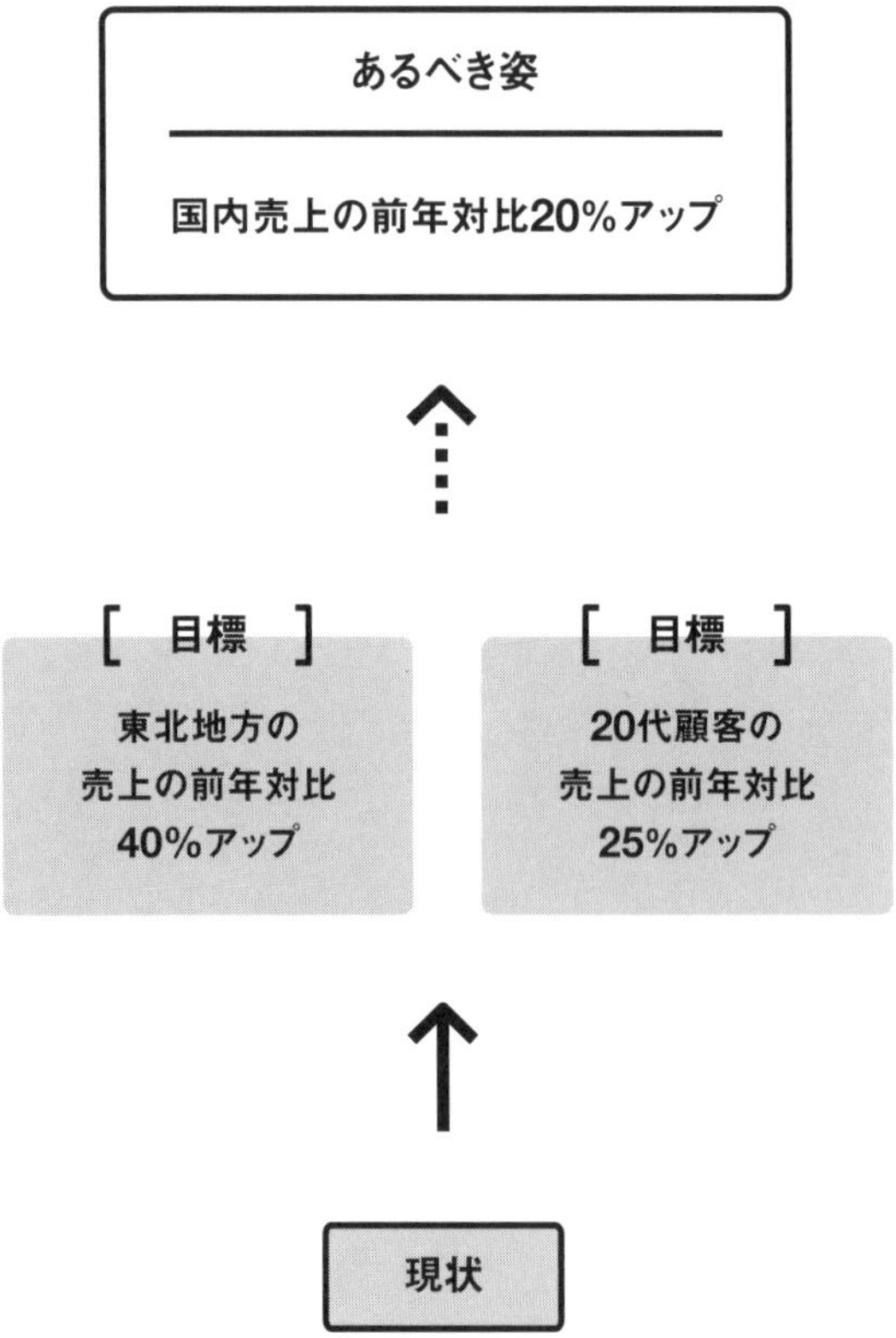
あるべき姿
国内売上の前年対比20%アップ
目標
東北地方の
売上の前年対比
40%アップ
目標
20代顧客の
売上の前年対比
25%アップ
現状

んなの無理』と思うのは簡単ですが、達成がむずかしい目標ほど知恵を振り絞って対策を考えなければなりません。会社のビジョンは現場にも下りてくるので、当然、現場の人間も頭を使って考え抜きます。これは相当に背伸びをした目標ですが、少し背伸びをする目標が、トヨタを育ててきたと言っても過言ではありません」

あまりに実現性のない目標は考えものですが、自分が「これくらいならできる」と思うレベルの2~3割増しの目標を設定するといいでしょう。

STEP

3

目標設定

LECTURE

02

目標は数値で示す

>> POINT

定量的な目標を決めないと、達成したかどうか正確に判断できない。定性的な目標もできるだけ数値化する。

「どうする」を明確にする

達成目標を決める際は、具体的に、次の3つの要素を設定します。

・何を
・いつまでに
・どうする

たとえば、問題テーマが「クレーム品の発生を減らす」である場合、設定する目標の例は、次のようになります。

・何を　↓クレーム品の発生
・いつまでに　↓12月末
・どうする　↓月2件以下

ここでのポイントは、数値であらわすことです。

「クレーム品の発生を減らす」では、目標としては不完全です。このようなあいまいな目標では、たとえ1件でも減れば目標達成になってしまいますが、それでは問題が解決したとはいえません。

「どうする」の部分で裏づけを明確にする必要があります。

ここでいう「裏づけ」というのは、具体的な基準・標準などのことです。

ステップ❷「現状を把握する」でクレーム品の発生が工場内でどれだけあるか明確になっているので、そのデータや部署の目標などを踏まえながら、具体的な数字であらわします。

「目標の数値」を決めるときは、成り行きで決めるようなことがあってはいけません。

たとえば、会社の目標が「クレーム品の発生目標が月2件以下」であるのに、現状や環境から考えて4件以下が現実的な場合は、上司などと話し合いの場をもって決めることです。実現不可能な目標を設定しても、ムダに挫折感を味わうだけだからです。

また、**期限を明確に区切ることも大切です。**実際に期限がないと「やりたい」という願望だけで終わってしまいがちです。自分が行動に移すためにも、また部下やチームを動かすためにも期限を区切ることが重要になります。

トレーナーの大鹿辰己は、「どんな業種・職種でも、できるだけ数値化することが大切だ」と言います。

「製造業の場合は、比較的データなどをとりやすいですが、営業やスタッフ部門、サービス業などでは、数値化しにくいケースが多々あります。たとえば、『ブランドイメージを高める』『顧客満足度を上げる』というテーマに取り組む場合、『どうする』の部分を数値化するのは簡単ではありません。それでも、できるだけ数値化する工夫をすることで、情熱と責任感をもって目標達成に向けて進むことができると同時に、具体的にどれだけ改善できたかを数値で実感することができます」

たとえば、「顧客満足度を上げる」という問題テーマの場合、「特定の従業員しか社内のショールームを案内できない」という問題にブレイクダウンしたとします。

この場合、「社内のショールームを案内できる従業員を増やす」という目標では不十分です。「3カ月後までに部署の7人全員がショールームを案内できるようにする」というように、目標達成の基準を示すことが必要になります。

定性的な目標は、「KPI」を活用する

売上高や利益率、販売台数、コスト削減率、リードタイム（工程に着手してからすべて完成するまでの所要時間）の短縮など数値化できるものは、目標として設定しやすいですが、中には定量的な数字に置き換えられない場合もあります。

たとえば、「ブランドイメージを高める」という目標の場合は、数値であらわすのには無理があります。

そこで、**定性的な目標は、「KPI（Key Performance Indicator）」を用いて定量的に把握できるようにします。**

KPIとは、「目標を達成するための重要な業績指標」のことで、重要業績評価指標と訳されます。

たとえば、「ブランドイメージを高める」という目標の場合、ブランドイメージを測る指標として、「リピート率」「広告出稿金額」などを設定します。このような指標に置き換えれば、ブランドイメージをある程度、定量化することができます。

また、「店舗の清掃状態」や「従業員の商品知識量」などブランドイメージの向上に貢献するが、数値であらわしにくい指標は、それぞれの状態をレベル化します。

たとえば、「店舗の清掃状態」であれば、「1時間に1度の清掃チェックができていればレベル5」「1日に1度であればレベル3」というように、定量的に把握できるようにするといいでしょう。

目標では抽象的な言葉は使わない

目標を設定するうえでは、抽象的な言葉を使わないのもポイントです。

たとえば、次のような言葉です。

・頑張る

・効率を上げる
・検討する
・対応する
・徹底する

あいまいな言葉を使うと、目標達成ができなかったときの逃げ道をつくることになってしまいます。「頑張りました」というのは主観でしか判断できません。

そういう意味でも、具体的な数値に置き換えることが大切なのです。

[STEP]

④

真因を考え抜く

問題が起きている
本当の原因（真因）を徹底的に
追究する。三現主義で「なぜ」を
繰り返すのが基本。

STEP 4 真因特定

LECTURE 01

「なぜ」を5回繰り返せ

>> POINT

問題を引き起こしている本当の原因にたどり着くコツは「なぜ、なぜ、なぜ……」としつこく追究することである。

真因を取り除かないと問題が再発してしまう

ステップ❹「真因を考え抜く」では、ステップ❷「現状を把握する」であきらかになった解決すべき課題を発生させている原因を究明し、真の要因（＝真因）を突き止めます。その真因を取り除くことによって、目標を達成できます。

トヨタの現場では、「真因を探せ」という言葉が飛び交っています。

真因とは、問題を発生させる真の要因のこと。

問題が大きくなればなるほど、その原因を調べていくと、たくさんの「要因」が挙がってきます。たとえば、「売上ノルマが達成できない」という問題であれば、10個以上は要因が考えられます。

しかし、目の前の要因に安易に飛びついて、それらを解決したとしても、それが真因でなければ、目の前の原因を取り除いただけで、また同じ問題に直面することになります。

たとえば、「売上ノルマが達成できない」という問題の真因が「営業担当者の入れ替わりが激しいこと」なのに、「1日の訪問件数が少ないこと」を真因と定め、解決策を実行しても、一時的な効果しか期待できません。

目の前の要因を取り除いても、現状の回復にしかならず、問題が再発する可能性が大きいでしょう。

大切なことは、問題を発生させた真因を追究し、抜本的な解決を図ることなのです。

真因に迫れないと中途半端な対策で終わる

トヨタでは真因に迫るために、「なぜ」を繰り返して要因を絞り込んでいきます。

トレーナーの大鹿辰己は、「なぜを5回繰り返すのがトヨタの文化だ」と言います。

「トヨタでは、これを『なぜなぜ5回』と呼んでいます。2回や3回の『なぜ』で真因が見つかるケースもありますが、問題解決に慣れていない人は、真因に到達していない段階で、『これが真因だ』と決めつけてしまうことがあります。4回、5回としつこいほど『なぜ』を繰り返すことによって、真因に迫れるようになります」

たとえば、「若手営業担当者の成績がダウンしている」という問題があるとします。
これを「なぜ」で考えていくと、次のような要因が考えられました。

【問題】 若手営業担当者の成績がダウンしている
←
（なぜ❶） なぜ成績がダウンしているのか？……新規顧客を獲得できていないから
←
（なぜ❷） なぜ獲得できないのか？……訪問しても商談までもち込めないから
←
（なぜ❸） なぜ商談までもち込めないのか？……2回めの訪問ができていないから

ここで多くの人は、「2回めの訪問ができていない」ことが真因だと考え、「2回めの訪問を増やす」という対策に結びつけがちです。

ところが、新規顧客への2回めの訪問を増やしても、若手営業担当者の営業成績は改善しませんでした。

つまり、「2回めの訪問ができていない」は真因ではなかったのです。

では、4回め、5回めの「なぜ」を続けていたらどうなるでしょうか。

（なぜ❹） なぜ2回めの訪問ができないのか？……商品説明がうまくできないから
↓
（なぜ❺） なぜうまく説明できないのか？……商品知識が不足しているから

若手営業担当者の商品知識の不足が真の要因であれば、「商品知識を学ばせる」という対策をとれば、説明力も向上し、商談をうまく進められるようになります。

ここまで突き詰めることによって、はじめて「商品知識が不足しているから」という真因にたどり着くことができるのです。

当然、なんでも5回めの「なぜ」で真因が見えるわけではありません。2~3回でわかることもあれば、10回繰り返してようやく真因にたどり着く場合もあります。

大切なのは、途中で「真因だ」と早合点せずに、問題が発生する真因を最後まで絞り込んでいくことです。

「なぜ」で真因に迫る

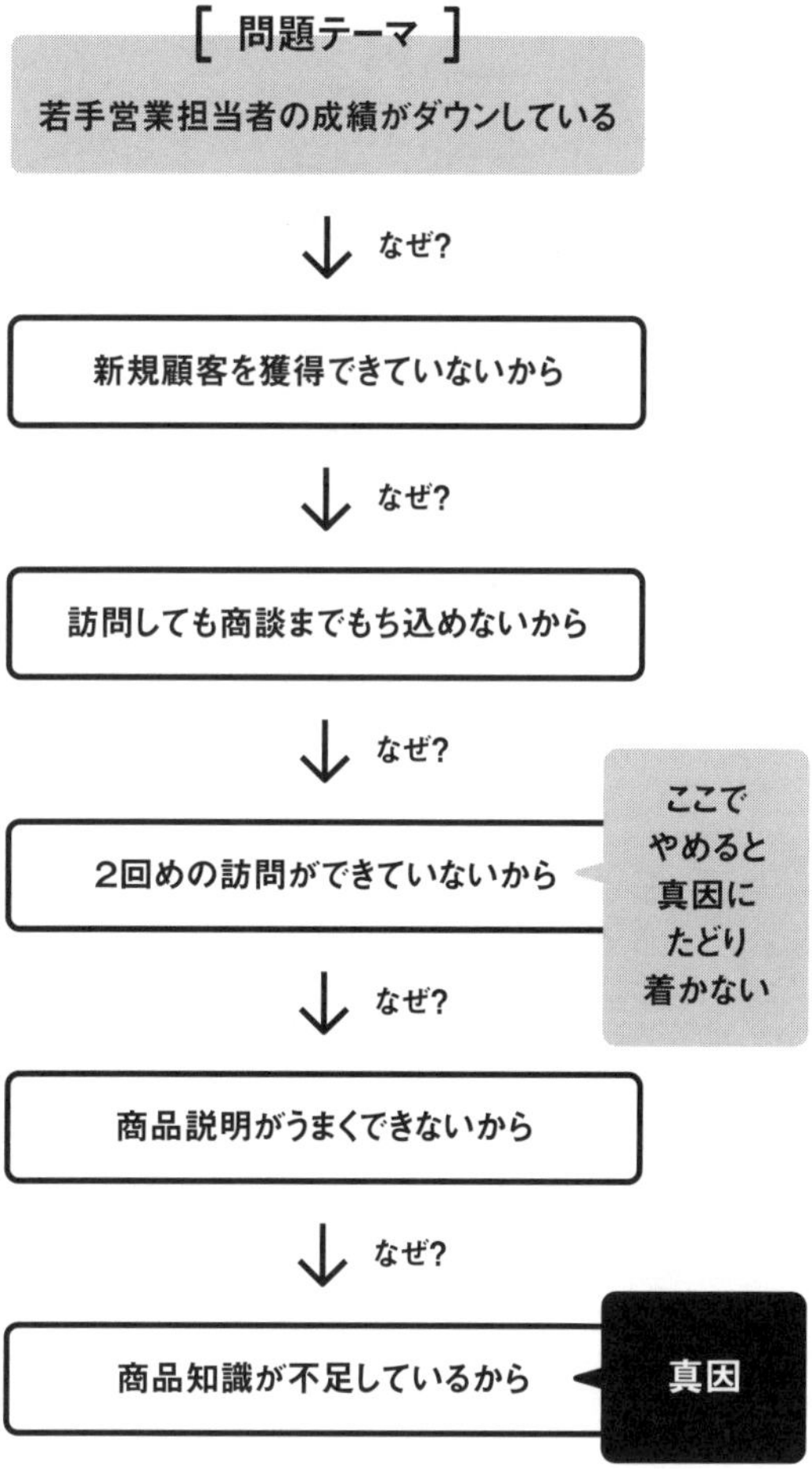
[問題テーマ]
若手営業担当者の成績がダウンしている
なぜ?
新規顧客を獲得できていないから
なぜ?
訪問しても商談までもち込めないから
なぜ?
2回めの訪問ができていないから
ここでやめると真因にたどり着かない
なぜ?
商品説明がうまくできないから
なぜ?
商品知識が不足しているから
真因

STEP 4

真因特定

LECTURE 02

「特性要因図」で真因に迫る

>> POINT

真因になりうる要因を絞り込むには、「特性要因図」を使って「なぜ、なぜ……」と考えることが重要である。

「おいしいご飯が炊けない」本当の要因は？

ステップ❷「現状を把握する」であきらかになった解決すべき課題のことを、「特性」（悪さ）といいます。

トヨタでは、この「特性」と、影響をおよぼすと思われる要因との関係を整理するために、「特性要因図」というツールを使って、数ある要因を分析していきます。

なお、誤解しないでいただきたいのは、**ここで分析したものは真因になりうる要因であり、この段階では真因ではありません。**

特性要因図は、魚の骨のような形をしていることから「魚の骨図」（フィッシュボーン）とも呼ばれています。

手はじめに身近な例で考えてみましょう。

「おいしいご飯が炊けない」という課題（特性）があるとします。

まずは直接的な要因となりそうな事実を洗い出します。このとき、要因を考えるための「切り口」を見つけ、それをもとに考えていきます。

「おいしいご飯が炊けない」要因として考えられるのは、「材料」「釜」「炊き方」などでしょう。これが大骨部分に当たります。

次に、それぞれ掘り下げて、中骨と小骨の部分を抽出していくのですが、このときの合言葉が「なぜ」です。

ここでは、「材料」の切り口で考えてみましょう。

「なぜ、おいしいご飯が炊けないのか？」

さまざまな要因が挙がってくると思いますが、そのうちのひとつに、「米の量に対して水の分量が合っていない」という要因が挙がりました。これが中骨の部分。

そして、「なぜ、米の量に対して水の分量が合っていないのか」を考えます。すると、「目分量で水を入れている」という要因があきらかになります。これが小骨の部分です。

こうした作業を「材料」以外の切り口である「釜」や「炊き方」でも行なっていきます。

その結果、完成したのが左ページの図です。

「おいしいご飯が炊けない」要因

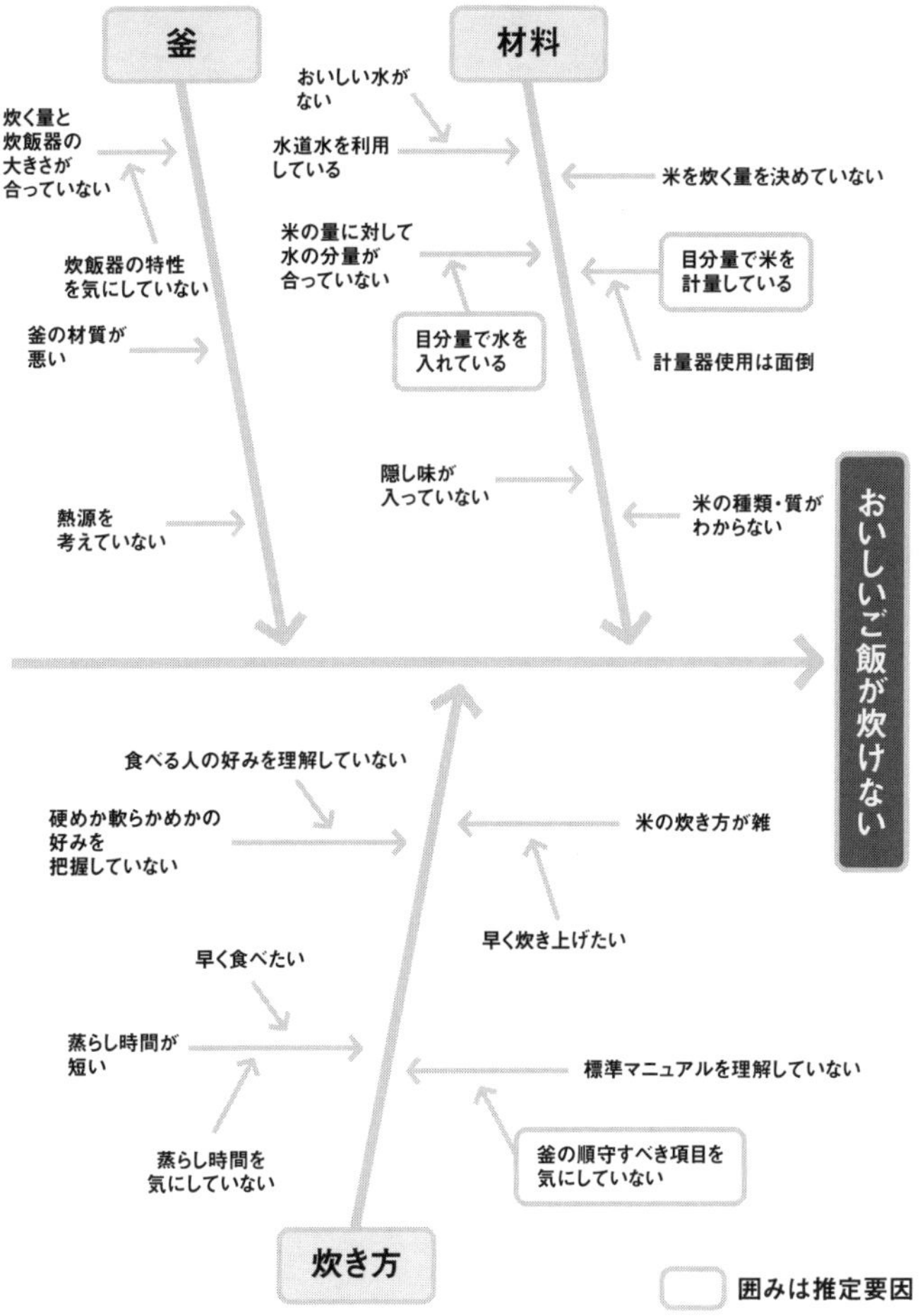
釜
材料
炊き方
おいしいご飯が炊けない
炊く量と炊飯器の大きさが合っていない
炊飯器の特性を気にしていない
釜の材質が悪い
熱源を考えていない
おいしい水がない
水道水を利用している
米を炊く量を決めていない
米の量に対して水の分量が合っていない
目分量で水を入れている
目分量で米を計量している
計量器使用は面倒
隠し味が入っていない
米の種類・質がわからない
食べる人の好みを理解していない
硬めか軟らかめかの好みを把握していない
米の炊き方が雑
早く炊き上げたい
早く食べたい
蒸らし時間が短い
蒸らし時間を気にしていない
標準マニュアルを理解していない
釜の順守すべき項目を気にしていない
囲みは推定要因

まるで魚の骨のように因果関係が整理されているのがわかるでしょう。

要因が出そろった段階で、対策をとれば再発防止ができる要因がどれかを突き止めていきます。こうして絞った要因を「推定要因」といいます。165ページの図では、「目分量で米を計量している」「目分量で水を入れている」「釜の順守すべき項目を気にしていない」の3つに推定要因が絞られました（要因の絞り方は後述します）。

「切り口」を考える

特性要因図を使って要因を出していくうえで、最初のポイントになるのは、要因を考えるための「切り口」（大骨）を見つけることです。


「おいしいご飯が炊けない」の例では、「材料」「釜」「炊き方」を切り口として設定しています。

はじめに「切り口」を設定することで、モレやダブりなく要因をカバーすることができます。切り口を考えるうえでヒントになるのが、よく使われる問題解決手法の4Mです。

「4M」とは、Man（人）、Machine（機械）、Material（材料）、Method（方法）の4つの頭文字をとったものです（80ページ参照）。

そのほかにも、次のような切り口があります。

・人、モノ、カネ、情報
・QCD（Quality：質、Cost：コスト、Delivery：納期）
・心・技・体

特性要因図の完成形に正解はありません。

どのような要因を出すか、どのように因果関係を結んでいくかは、作成する人の経験と勘によるところが大きくなります。だから、決してキレイな特性要因図を描くことを目的にしないでください。「キレイな魚の形になっていなければならない」という固定観念は捨てましょう。

また、できるだけ多くの人から、多くの意見を自由闊達に出してもらうと、さまざまな視点から要因が挙がり、真因にたどり着きやすくなります。

なお、左ページの図は、「クレーム品の発生を減らす」という問題テーマの「ラベルの貼り間違いが多い」という課題を特性要因図で分析したものです。

トレーナーの大嶋弘は、ここでよく勘違いしやすいポイントがあると言います。

「**特性要因図の特性（右側の四角い囲みの中）には、ステップ❷『現状を把握する』で導き出した解決すべき課題を当てはめなければなりません。**しかし、実際に指導先の研修などで特性要因図を描いてもらうと、ステップ❶『問題を明確にする』で設定した問題テーマをここに入れてしまう人が多くいます。発生がまれで、ステップ❷を踏むことができないというケースを除いては、問題テーマから絞り込んだ解決すべき課題を入れてください。そうしなければ、ステップ❷のプロセスがムダになってしまいますし、当然、真因にたどり着くことはむずかしくなります」

特性要因図を見ると、「作業者」という切り口から、「チェックの時間が足りないときがある」「チェック項目が決まっていない」「チェックすることを教えられていない」という要因が、真因になりうる推定要因として抽出されています。

「ラベルの貼り間違いが多い」の特性要因図

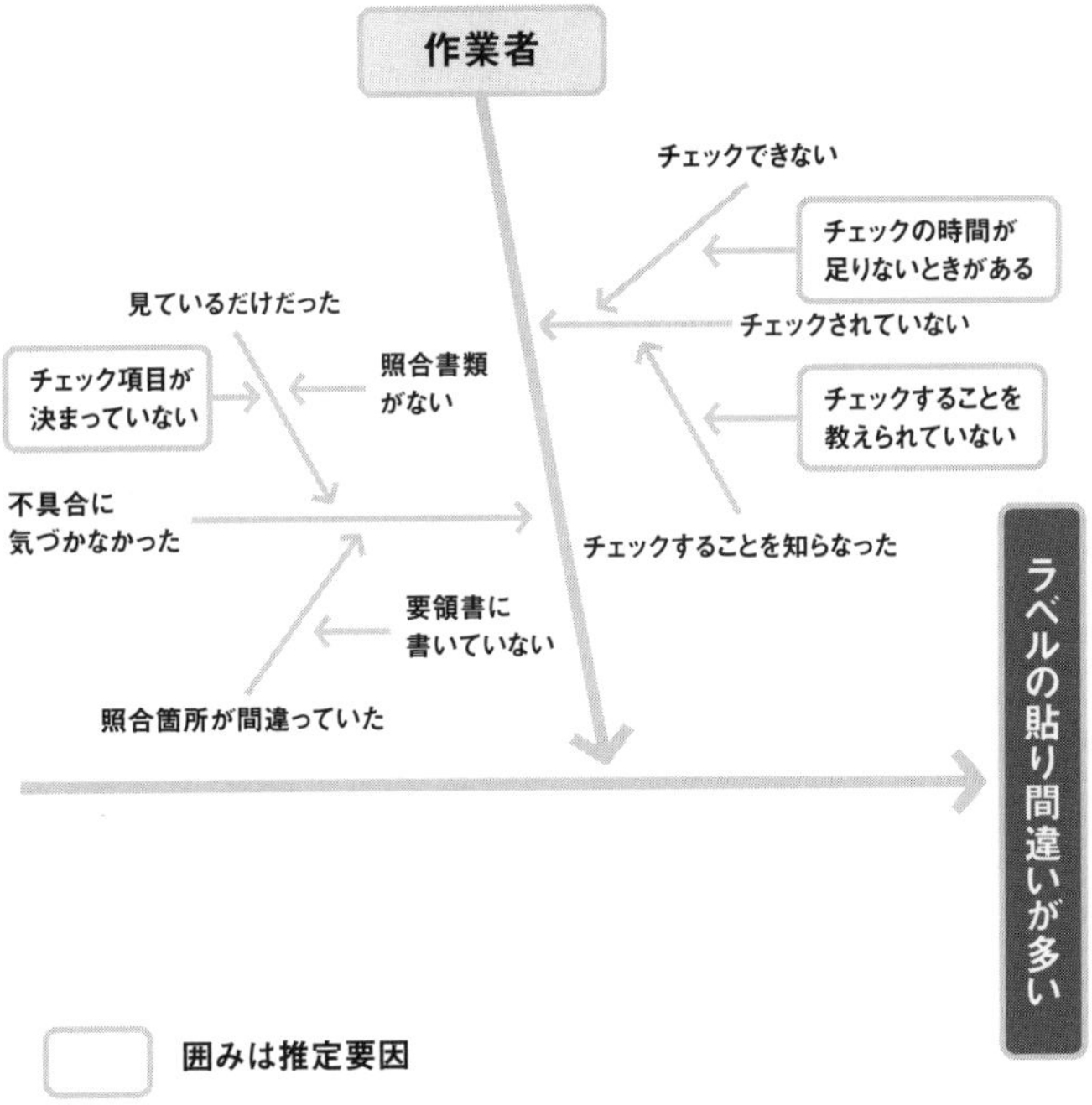
作業者
チェックできない
チェックの時間が
足りないときがある
チェックされていない
チェックすることを
教えられていない
チェックすることを知らなった
見ているだけだった
チェック項目が
決まっていない
照合書類
がない
不具合に
気づかなかった
要領書に
書いていない
照合箇所が間違っていた
ラベルの貼り間違いが多い
囲みは推定要因

※「作業者」の切り口のみ抽出

STEP 4 真因特定

LECTURE 03

「真因かどうか」を確認する3つのポイント

>> POINT

真因となりうるかどうかをチェックする大きなポイントは、「因果関係の逆が成り立つかどうか」である。

問題が拡散しないか

特性要因図で要因を出しきったと判断したら、真因となりそうな要因（推定要因）をピックアップしていきます。

このとき、たくさん要因が挙がっていて、どれが推定要因か簡単には判断できないかもしれません。

トレーナーの大嶋弘は、その場合、次のようにアドバイスすると言います。

「問題解決の8ステップでは、経験と勘に頼らないのが原則ですが、**例外的にこの段階では経験と勘に頼ってもかまいません。真因のにおいがする要因をピックアップし、丸で囲んでしまうのです。**この場合、仕事の経験値が高い人がメンバーにいると、真因が見つかりやすくなります」

真因候補に目星をつけたら、推定要因となりえるか、3つのポイントでチェックしましょう。

1つめは、**「その要因に手を打てば、問題が解決され、同じ成果を上げ続けられるか」**です。

たとえば、「おいしいご飯が炊けない」の例でいえば、「目分量で水を入れている」という要因に手を打てば、おいしいご飯が炊けるという関係が成り立ちます。

2つめは、**「もう一度、『なぜ』を繰り返すと、問題が拡散しないか」**です。

たとえば、「景気が悪いから」「政治が悪いから」「他社の調子がいいから」というように、具体的な対策が特定しにくいものになってしまう場合は、「推定要因」の可能性が高い、ということです。

因果関係は逆も成り立つか？

3つめは、**「因果関係が逆も成り立つか」**をチェックします。

真因を探すときは、「なぜ」を唱えていきますが、今度は反対から真因候補の要因を「だから、〜だ」で無理なくさかのぼっていくことができれば、逆の因果関係が成り立つことになります。

ご飯の炊き方の例でいえば、

「おいしいご飯が炊けない」

←なぜ

「米の量に対して水の分量が合っていない」

←なぜ

「目分量で水を入れている」

という関係の逆が「だから」で結んでも成り立つのかをチェックします。

「目分量で水を入れている」

←だから

「米の量に対して水の分量が合っていない」

←だから

「おいしいご飯が炊けない」

このように、因果関係が逆でも成り立つことがわかります。

もうひとつ例を示しましょう。

次の場合、因果関係を逆にしてもその関係は成り立ちます。

「クレームが出た」↓なぜ↓「新車の納入時に傷がついていた」

「新車の納入時に傷がついていた」↓だから↓「クレームが出た」

一方で、次のケースはどうでしょうか。

「クレームが出た」↓なぜ↓「神経質なお客様だった」

「神経質なお客様だった」↓だから↓「クレームが出た」

神経質なお客様が全員クレームを言うわけではありません。たとえそれが要因のひとつでも、神経質なお客様をなくすことはできないので、推定要因ではありません。

因果関係は逆も成り立つか

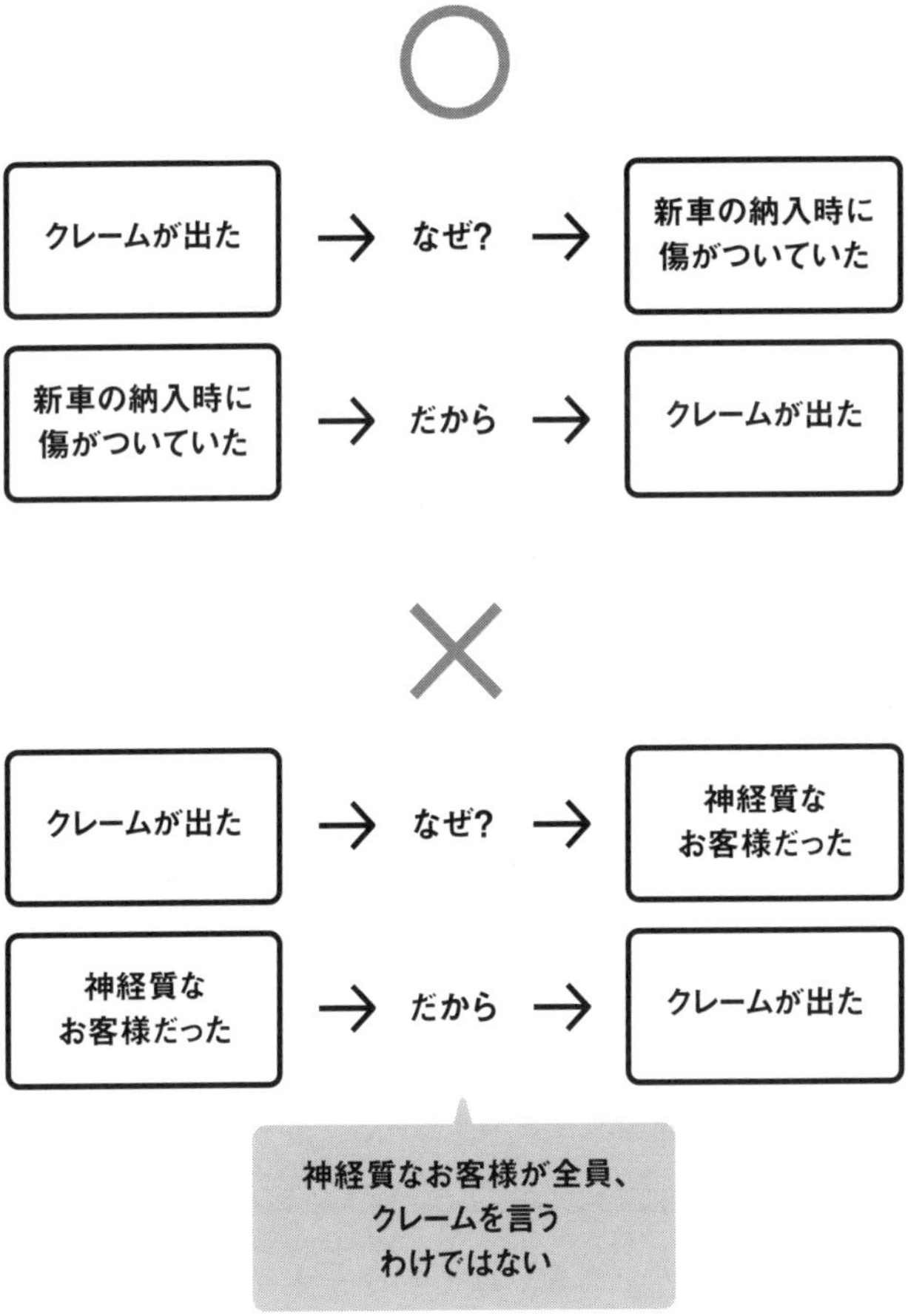
○
クレームが出た
なぜ?
新車の納入時に傷がついていた
新車の納入時に傷がついていた
だから
クレームが出た
×
クレームが出た
なぜ?
神経質なお客様だった
神経質なお客様だった
だから
クレームが出た
神経質なお客様が全員、クレームを言うわけではない

STEP

4

真因特定

LECTURE

04

正真正銘の「真因」に迫れ

>> POINT

絞り込まれた「推定要因」は事実やデータと照らし合わせて検証する。その結果、「真因」があぶり出される。

正真正銘の真因を絞り込むための「なぜ？」

特性要因図の因果関係をつくっていくうえで「なぜ」を唱えていくように、真因の候補（推定要因）からさらに真因を絞り込むステップでも「なぜなぜ5回」は欠かせない考え方です。

特性要因図で絞り込まれた推定要因は、三現主義にもとづき、事実との検証を行なって、真因をあぶり出していきます。

この段階でも、「なぜ」が有効です。

たとえば、「クレーム品の発生を減らす」という問題テーマの「ラベルの貼り間違いが多い」という課題を特性要因図で分析したところ、「チェックの時間が足りないときがある」「チェック項目が決まっていない」「チェックすることを教えられていない」という3つの推定要因が浮かび上がりました（169ページ参照）。

これらの推定要因は、1つずつすべて事実に照らし合わせて検証していくことになりますが、ここでは「チェックの時間が足りないときがある」を例に検証してみましょう。

三現主義によって現場で検証したところ、作業者がラベルをチェックする時間が場合によって、1秒から10秒とバラついている事実が判明しました。

ここから事実をもとにして、「なぜ」を繰り返していきます。

「ラベルをチェックする時間がバラつく」

←なぜ

「短時間で判断しなければならない」

←なぜ

「見る箇所が違う」

←なぜ

「本人任せになっている」

←なぜ

「基準がない」（真因）

この例では、**「真因」は「基準がない」という結果になりました。つまり、ラベルをチェックするときの基準を設けることによって、ラベルの貼り間違いがなくなり、クレーム品の発生が減少することになります。**

もちろん、「なぜ」は5回でなくてもかまいません。3回目で真因にたどり着くこともあれば、10回目でたどり着くこともあります。

真因かどうかをチェックする3つのポイント

真因を特定できたとしても、「本当に真因だろうか」と心配になる人もいるでしょう。

その場合は、前項でも紹介した、次の3つのポイントから確認してください。もう一度、おさらいしておきましょう。

1つめは、「その要因に手を打てば、問題が解決され、同じ成果を上げ続けられるか」です。

2つめは、「もう一度、『なぜ』を繰り返すと、問題が拡散しないか」です。「景気が悪いから」「政治が悪いから」といった対策の打ちようがないものは真因にはなりえません。

3つめは、真因から解決すべき課題まで「～だから、～だ」と、事実にもとづき因果関係をさかのぼることができるかどうか。つまり、「なぜ」で結んだ因果関係と逆方向の因果関係が無理なくつながるかを確認します。

なお、「これが真因だ」という目星がついたら、現場を見て本当に真因であるかどうかを確認する必要があります。現場の状況やデータと一致することによって、はじめて「真因」と判断できるのです。

「これならできそう」で選んではいけない

誰もが困難をともなうことが予想される真因からは目をそらしたくなるものです。反対に、対策が簡単そうな真因を選びたくなる衝動に駆られます。しかし、「これならできそう」という対策になる推定要因は、結果的に真因でないことが多くあります。

たとえば、「企画プレゼンの採用率が低い」というケース。

真因は「相手のニーズをつかんでいない」ことにあるにもかかわらず、対策が比較的簡単そうな「プレゼン資料の見栄えが悪い」ことをいちばんの真因と考える。この場合、パワーポイントの資料を見やすくするなどの対策をとりがちです。

「相手のニーズをとらえるよりも、プレゼンの手直しをするほうが楽だ」という気持ちが働いてしまうと、最も影響力のある真因が放置されかねません。

「これならできそう」ではなく、「これをやらなければいけない」という視点から、真因を見定めることが重要です。

真因へとつながるプロセスを明確にする

チームや部署で問題解決に当たるときは、「なぜなぜ5回」のプロセスをきちんと共有しておく必要があります。

トレーナーの谷勝美は、こう証言します。

「ステップ❶❷でデータをとったり、現場を確認したりしていると、それまでの経験や勘から、『真因はこれだろう』と目星がつくことがよくあります。真因は机上ではなく、現場にあるのですから、当然と言えば当然です。ただ、この場合も、因果関係をきちんとつなげておくことが大切です。なぜなら、チームで問題解決に取り組むときは、因果関係が明確につながっていないと、メンバー全員が理解・納得できないことがあるからです」

たとえば、「オフィスの片づけ（整理・整頓）に対する意識が低い」という問題がある場合、勘の鋭い人だと、「5S研修の年間計画を立てる」という対策まで導いてしまうケースがあります。

しかし、5S研修の存在を知っているメンバーの中には、「年間計画を立てること」が、なぜ片づけに対する意識を高めるのか」がピンとこない人もいるため、次のように思考のプロセスを明確に示してあげます。

「片づけに対する意識が低い」
←なぜ
「5S研修に参加していない人がいる」
←なぜ
「研修がスケジュール化されていないから」
←なぜ
「研修の年間計画がないから」（真因）

このようにあえて問題と真因との間にある思考のプロセスを埋めることにより、メンバーは理解し、「この対策をとれば問題が解決する」と心の底から腹落ちします。

特に経験のあるマネジメント層は、真因へとつながる因果関係をすっ飛ばして対策を立ててしまう傾向があるので、気をつけなければなりません。

STEP 4

真因特定

LECTURE 05

「真因」を他人に押しつけてはいけない

>> POINT

自分の責任の範囲内で問題解決に結びつけられる真因を探すのが基本。責任転嫁したら問題は絶対に解決できない。

「お客様が悪い」では問題解決にならない

真因を見極める際に注意しなくてはならない点が2つあります。

1つめのポイントは、**自分の責任の範囲で問題解決に結びつけられる真因を探すことです。**他人や外部要因に責任転嫁してはいけません。

たとえば、「売上が上がらない」のは、「景気が悪いから」では手の打ちようがありませんし、「部下がすぐに辞めてしまう」のは、「人事部の採用方針が悪いから」では、他人任せにもほどがあります。

また、「営業担当者の活動量が少ないのは、人事考課制度が悪いからだ」などと原因を制度にすり替えるケースも見られます。

景気や人事部、制度のせいにする前に、自分たちが対処できる要因が必ずあるはずです。

トレーナーの大鹿辰己は、こう指摘します。

「営業部門で真因を考えると、『お客様の会社の人事異動で担当者が代わったから』『ターゲットとなるお客様が少ないから売れない』などと『お客様が悪い』という結論にたどり着いてしまうことがあります。当たり前ですが、改善はお客様に要求するものではありません。これは対策案の作成についても言えることですが、自分たちや自部署内で解決できる範囲で真因を見つけ出すのが原則です」

製造部門などで「購入部品に問題がある」というケースなどは、部品を納入している取引先に改善を要求する必要があります。しかし、基本的には自分たちの責任で解決できることが基本となります。

しかし、中には経営層や他部署を巻き込まないと解決できない真因にたどり着くこともあります。この場合も、できるかぎり自分たちができる行動に落とし込めるかが重要になります。

同僚を巻き込んだり、上司に具申することで効果的な対策が打てるなら問題ありませんが、上司や他部署に投げっぱなしになってしまう結果となれば、すべて相手任せになってしまいます。

真因を見極める際には、「自分たちで問題解決が図れるか」という視点を入れる必要があります。

感覚的な要因に拡散していないか

2つめのポイントは、**感覚的な要因に結びつけないことです。**

真因を探していくと、真因にたどり着いているのに「なぜ」を繰り返し、感覚的な要因を真因としてしまうケースがよくあります。

たとえば、「特定の従業員しか社内のショールームの案内ができない」という問題があるとします。

これを「なぜ」でつないでいくと、次のようになりました。

①「他の従業員はショールームを案内したことがない」

↑なぜ

②「誰でも案内できるようになっていない」
↓なぜ
③「案内できる手順書がない」
↓なぜ
④「上長である課長は手順書がなくてもいいと思っている」
↓なぜ
⑤「社長が課長に一任している」
↓なぜ
⑥「社長の経営姿勢が悪い」

ここでは、最終的には社長の経営姿勢に問題があるということになっていますが、その場合、対策として社長を交代させるなどしないと、問題が解決しないことになります。

結論をいえば、④から先は感覚的な要因になって拡散しています。「課長が手順書はなくてもいいと思っている」というのは推測にすぎません。

「なぜ」は事実ベースでつながなければ、あらぬ方向に拡散していきます。

この例でいえば、真因は③「案内できる手順書がない」ことになります。手順書があれば、誰でもショールームの案内ができるようになるのですから、それ以上、「なぜ」で要因を掘り下げる必要はないのです。

また、**真因を人の「意識」や「意欲」に結びつけてしまうケースも、感覚が作用しすぎている可能性があります。**

たとえば、「○○さんの問題意識が低い」「××さんはやる気がない」といった要因に結びつけてしまう場合、これは感覚にすぎず、事実とはかぎらないこともあります。

しかし、客観的に見て「意識」や「意欲」に原因がありそうな場合は、これらを要因としてもかまいません。

ただし、この場合は、その先も「なぜ」を続けられることがほとんどです。「問題意識が低いのはなぜか?」「やる気がないのはなぜか?」を考えることによって、その原因を探ります。すると、「作業のやり方をきちんと教えていない」といった真因にたどり着く可能性があります。

PART 2

問題解決の8ステップ

STEP >>

0
1
2
3
4
5
6
7
8

STEP

5-7

対策を立てて実行する

真因を特定したら、解決するための
計画を立てて実行する。
その際、対策実行の効果を
測るのも重要である。

STEP 5

対策計画

LECTURE 01

できるだけたくさんの対策を洗い出す

>> POINT

できる限りの対策案を出したら、効果的なものに絞り込む。その際には、実現可能性やリスクも考慮して決める。

対策案を出すための10の視点

真因を特定したら、「どうすれば真因をなくすことができるか」を徹底的に考え抜いていきます。

ここでの最初のポイントは、**真因ごとにできるだけたくさんの対策案を洗い出すことです。**

ちなみに、真因は1つとはかぎりません。複数の真因が特定されたら、それぞれの真因ごとに対策案を立てることになります。

対策案を出す際は、次のような10の視点から考えると次々とアイデアがわいてきます（例は195ページ図参照）。

①排除：それをやめてしまったらどうか
②正反：それを反対にしたらどうか
③拡大と縮小：大きくしたらどうか、小さくしたらどうか

④結合と分散：それを結んだり、分けたりしたらどうか
⑤集約と分離：まとめてみる、分解してみる
⑥付加と削除：付け加えてみる、取り去ってみる
⑦順序と入れ替え：順序を組み立て直したらどうか、作業手順を入れ替える
⑧共通の差異：違った点を活かしてみる
⑨充足と代替：ほかに使えるか、他のモノに替えたらどうか
⑩平行と直列：同時に行なったらどうか、順次行なったらどうか

対策案を絞り込む5つの視点

考えつくかぎりの対策案を出したら、それぞれの対策案を評価して、優先順位をつけています。その際の視点は、次の5つです。

①効果：真因をなくすことができるか。目標を達成することができるか。
②実現可能性：実際に、無理なく対策を実行できるか。他の部署や組織を巻き込む必

対策案を出すための10の視点（例）

1	排除	仕事のプロセスをなくす、人を減らす
2	正反	人の役割を逆にする、置き場所を逆にする
3	拡大と縮小	プロジェクトメンバーを増やす、減らす
4	結合と分散	開発と販促を同時に行なう、開発部隊を2つに分ける
5	集約と分離	会議を1つにする、会議を分割する
6	付加と削除	書類を増やす、書類をなくす
7	順序と入れ替え	仕事の順番を逆にする
8	共通の差異	同じ専門分野だが、経験年数が違う人を活用する
9	充足と代替	他の部署の成功例をマネする
10	平行と直列	2つの販促手段を同時に行なう、順番に行なう

要はあるか。

③コスト・工数：どれほどの費用や時間がかかるか。何人でやれば納期に間に合うか。

④リスク：対策を実行する段階でリスクはあるか。

⑤自己成長：この対策を実行することを通じて、自分自身が成長できるか。

こうした観点から総合的に評価し、取り組む対策を絞り込んでいきます。

その際、「対策を実行すると、何が起きるのか」をリアルに想像することが大切です。たとえば、トヨタでは、特にリスクについてもチェックしています。対策を実施することで、「安全」「お客様の迷惑」「コンプライアンス（法令遵守）」に影響をおよぼさないかといった観点から絞り込んでいます。

その対策が真因を解決するためにどれだけ有効であっても、従業員の安全が損なわれたり、お客様に損害を与えるようであれば、対策案としては適当ではありません。

目の前の問題を解決することばかりに意識が向きがちですが、その影響度を考えることも大切です。

お客様や他部署に押しつける対策はダメ

対策案は、自分の責任の範囲で考えるのが原則です。

トレーナーの大鹿辰己はこう言います。

「対策案を考えるときには、自分の部署内で協力できる範囲であれば問題ないのですが、基本的には個人の責任の範囲内で対処できるものでなければなりません。お客様にお願いするようなことや、他部署へ丸投げになってしまうような対策案では、どうしても他人事になってしまいますし、対策を求められたほうも、押しつけられた格好になり、モチベーションが上がりません」

もし他人に押しつけるような対策案が出てきてしまうようであれば、そもそもそうした問題に取り組んだことに無理があります。問題テーマの設定からやり直したほうがいいでしょう。

STEP

5

対策計画

LECTURE

02

対策の優先順位を決める

>> POINT

最も効果的な対策に絞り、1つずつ実行するのが原則。ただし、「現実的な対策かどうか」も大切な視点である。

どの対策から取り組むかを決める

真因が複数ある場合、すべての真因を解決しなければ、本当の意味で問題解決にはなりません。しかし、**すべてを同時に取り組むことがむずかしい場合がほとんどなので、現実的には、どの真因の対策から手をつけるか、優先順位を決める必要があります。**

たとえば、「クレーム品の発生を減らす」のテーマで、3つの真因にたどり着いたとします。この場合は、3つの真因それぞれについて、ベストの対策案を選び、相対的な評価をして、優先順位を決めていきます。

①「チェックの時間が足りないときがある」（推定要因）
↓
「基準がない」（真因）
↓
「基準時間を設定する」（対策案）

②「チェック項目が決まっていない」（推定要因）
←「手順書がない」（真因）
←「手順書の作成としくみづくり」（対策案）
③「チェックすることを教えられていない」（推定要因）
←「訓練の手順書がない」（真因）
←「訓練手順書の作成」（対策案）

対策案の優先順位をつける際には、「安全」「品質」「コスト」「難易度」「効果」といった切り口について、「◎」「○」「△」「×」などの評価をしていくといいでしょう（左ページ図参照）。

対策の優先順位を決める

	①	②	③
推定要因	チェックの時間が足りないときがある	チェック項目が決まっていない	チェックすることを教えられていない
調査結果	チェック時間が1～10秒とばらついている	見る項目が作業者任せになっている	訓練は口頭。教える項目に抜けがある
真因	基準がない	手順書がない	訓練の手順書がない
対策案	基準時間を設定する	手順書の作成としくみづくり	訓練手順書の作成
安全	◎	◎	◎
品質	◎	◎	○
コスト	◎	◎	○
難易度	◎	○	△
効果	◎	○	○
順位	1	2	3

「◎」問題なし、非常に有効
「○」あまり問題なし、有効
「△」少し問題あり、あまり効果なし
「×」問題あり、効果なし

相対的に見て
優先順位を決定

図では、「①チェックの時間が足りないときがある（推定要因）→基準がない（真因）→基準時間を設定する（対策案）」が、すべての項目で「◎」が並び、いちばん優先順位が高いことがわかります。

ただし、最も優先順位の高い対策を施しても、うまく効果があらわれないケースもあります。その場合は次の対策を順次、実施していくことになります。

また、対策を複数組み合わせることによって、相乗効果が生まれたり、各対策の弱点を補い合えたりするので、1つの対策を施したら、2番手、3番手の対策も順次実施していくことが大切になります。

現実的な対策から手をつける

このように、さまざまな切り口から総合的に判断するのが最もオーソドックスなやり方ですが、**いちばんのポイントは、その対策案が「現実的かどうか」です。**

現実的にお金がかかるような対策やまわりを巻き込まなくてはいけない対策などは、いくら効果が高いことが予想できても、実行までに時間がかかってしまうことがあります。だから、自分の責任の範囲内ですぐに実施できる対策から手をつけることも大切です。

たとえば、現場のレイアウト上、機械で吊り上げて移動しなければならない大きな部品があるとします。吊り上げて移動させる機械を買って自動化することもできます。

しかし、自動化に1億円の予算が必要だとすれば、簡単に予算が下りない可能性もあります。

まずは現実的に自分たちができる対策からはじめるのが大切です。

自動化すれば、当然高い効果を得られます。

しかし、なんでもかんでも自動化しようとすればお金も時間もかかる。だから、トヨタでは、自動化を検討する前に、自動化をしなくても済む方法を考えて対策を打ちます。

たとえば、もし機械で吊り上げて移動させなければいけない大きな部品があるなら、現場のレイアウトを変更して障害となっているものをほかに移動し、吊り上げずに台車に載せて移動できる方法を考えて実施する。自動化を考えるのは、知恵を絞ったあとでなければなりません。

STEP 6

対策実施

LECTURE

03

スピード！スピード！スピード！

>> POINT

対策計画を立てたら、すばやく実行に移す。一気に実行することにより、環境変化の影響を最小限に抑えられる。

対策後を評価する

対策案が決まったら、実施の段階に移ります。

「クレーム品の発生を減らす」という問題テーマのケースでは、次の真因と対策について、最初に実行に移すことを決めました。

①「チェックの時間が足りないときがある」（推定要因）

↓

「基準がない」（真因）

↓

「基準時間を設定する」（対策案）

この場合、ラベルをチェックする時間を「目視で5秒間」と設定し、それを守るようにしました。

こうした対策を施したら、対策の評価をする必要があります。ここで対策の効果がなければ、その対策は正解ではなかったことを意味します。

対策を実行したけれど、期待していた効果が出なかった場合は、どうすればよいでしょうか。

真因のとらえ方が間違っている可能性があるので、再びステップ❹「真因を考え抜く」に戻って真因を検討します。

一方、この対策実施の結果、「ラベルをチェックする時間がバラつく」という対策前の状況がなくなり、チェック時間が5秒で均一になれば、対策に効果があったことになります。対策の効果を測る場合も、三現主義にもとづき現場でデータをとることが大切なのはいうまでもありません。

対策を評価する場合は、あわせて他の面で支障が出ていないか、確認しておく必要があります。たとえば、ラベルをチェックする時間を確保することで、生産性や稼働率が悪くなったり、従業員の作業性が悪化しては、元も子もありません。

次のような視点から、対策後の影響について確認しておくといいでしょう。

・安全面（作業者がケガをする危険はないか）
・品質面（製品のクオリティーが下がるおそれはないか）
・原価面（コスト高にならないか）
・生産性（アウトプットが下がることはないか）
・稼働率（システムや設備が止まることはないか）
・作業性（仕事のやり方に悪影響はないか）
・後工程への影響（次に仕事をする人に負担をかけないか）

こうした点をチェックし、大きな問題がないことを確認したら、②「チェック項目が決まっていない」、③「チェックすることを教えられていない」といった他の推定要因に対する対策案も実行に移すことになります。

スピーディーに集中的に取り組む

このステップ❻で最も重視すべきなのは、スピーディーに実施することです。

チーム一丸となって、集中的に取り組むことが大切になります。なぜなら、**環境の変化によって真因やその対策案が変化することが考えられるからです。**

環境変化の影響を避けるために一気に実行することを心がけましょう。

また、**進捗をチェックすることも大事なことです。**

あらかじめ設定したスケジュールに照らし合わせて、進捗を適切にチェックしていきます。そうすることで、計画とのズレをすばやく修正したり、大きな問題に発展したりすることを防ぐことができます。

進捗チェックと同時に大切になるのは、報連相《ホウレンソウ》（報告・連絡・相談）です。タイムリーに進捗状況などを関係者や上司に知らせておかないと、悪い情報の場合、関係者の仕事に悪影響をおよぼしたり、余計な時間がかかるなどの弊害が生じます。

タイムリーな報連相を徹底することによって、リスクを未然に防いだり、変化にすばやく対応したりすることが可能になります。

すべての対策を施さないと目標は達成できない

ステップ❺「対策計画を立てる」で打ち出した対策案が複数あれば、それらをすべて実行に移さなければなりません。

なぜなら、対策はすべてやりきらないと、目標を達成できないからです。

たとえば、「月50件発生している不良品を半年後に5件にする」という目標に対して3つの対策案が必要だとします。

このとき、1つの対策案を実行しただけでは、月50件の不良品すべてはなくなりません。15件までしか減らないかもしれません。

2つめ、3つめの対策をやり抜くことで5件という目標に到達できるのです。

したがって、1つの対策をスピーディーに実施したら、二の矢、三の矢となる対策を矢継ぎ早に実施していく必要があります。

STEP 6 対策実施

LECTURE 04

百行は一果にしかず

>> POINT

対策を行動に移すときは、成果が出るまでやり抜くことが重要。失敗という結果もひとつの成果である。

と言います。

失敗しても結果が出るまでやり抜くことが大切

トレーナーの大鹿辰己は、「百聞は一見にしかず」ということわざには続きがある

「百聞は一見にしかず、百見は一考にしかず、百考は一行にしかず、百行は一果にしかず――つまり、最終的に成果を残さなければ意味がないということをあらわす中国のことわざですが、問題解決のステップも同じです。**まずは成果を出すことを考えて、能動的に行動することが大切になります**」

たとえば、営業担当者が「A業種の会社に営業をかける」という対策を行動に移したときに、なかなか成果が出なかったとします。

この場合、多くの人は「ここまでA業種の会社は手ごたえがなかったから、他の会社に営業をかけてもムダだろう」などと自分の頭の中で行動を制限しがちです。そう

して、自分がくみしやすい相手に営業をかけてしまいます。

しかし、受動的な仕事をしていたら、失敗はしないかもしれませんが、なかなか成果も出ません。**成果は、成功の成果だけではありません。失敗という結果を得ることも成果です。**

失敗は、問題がある証拠ととらえることもできます。能動的に行動することは、問題解決の「種まき」をしているようなものなのです。

だから、なんらかの結果が出るまでやり抜くことが大切です。

「やり抜かないといけない理由」をつくる

「楽をしたい」というのが人間の本質です。どうしても日常業務に追われて、対策の実行があとまわしになってしまうことがあります。

目に見える問題であればあわてて対策を実行に移しますが、現時点では問題になっていないような設定型問題解決に取り組む場合、つい後手にまわってしまうのが現実です。

トレーナーの近江卓雄は、**「対策の成果を発表する機会を設けることが有効だ」**と言います。

「トヨタにはQCサークルや階層別研修といった場で問題解決をし、その成果を発表する機会があります。このようなしくみや制度があるから、必然的に対策の実行を怠ることはできません。会社の経営に大きな影響を与えるような問題テーマに取り組む場合は、経営陣も参加する報告会や発表会をしくみとして取り入れることを検討してもよいでしょう。トップや管理職の参画がないと、問題解決の文化は定着していきません」

やらないといけない理由をつくる。それによって、対策が放置されるといった事態を防ぐことができます。

また、上司は「部下が対策を実行しているか」を定期的な報連相によって確認し、フォローすることも大切です。

STEP

7

効果確認

LECTURE

05

効果の確認は期限を厳守

>> POINT

対策実行後は、その「効果」を確認する。その際のポイントは対策実行をズルズルと続けないことである。

対策の効果がなかったときは「真因」が間違っている

対策をすべて最後まで実行したら、ステップ❸「目標を設定する」で定めた目標に対する効果を評価します。

「クレーム品の発生を減らす」という問題テーマでは、「クレーム品の発生を、12月末までに、月2件以下とする」という目標を立てました（149ページ参照）。対策実行によりこの目標を達成しているかどうかを、データなどをとって測定します。

また、忘れてはならないのは、ステップ❶「問題を明確にする」で問題テーマの選定理由として挙げた「重要度・緊急度・拡大傾向」のデータも改善したかどうかです。**目標を達成できても、問題が解決されなければ意味がありません。**

ここで、目標を達成し、問題も解決できていることが確認できた場合は、次のステップ❽に進みますが、もしまったく対策の効果が見られなかった場合は、ステップ❹「真因を考え抜く」で探り当てた真因が正しくなかったことになります。もう一度、ステップ❹に戻って、真因を見極めることからやり直しましょう。

もしそれでもうまくいかない場合は、データ不足のため、問題の絞り込みがうまくできていなかった可能性があります。この場合、ステップ❶❷に戻ってデータの収集や分析をやり直す必要があります。

対策実行は期限内で区切り、効果の確認に移る

対策実行をした結果、一定の効果が確認できた場合は、対策実行は間違っていなかった証拠といえます。

たとえば、「クレーム品の発生を、12月末までに、月2件以下とする」という目標のとき、12月末までに月4件以下まで発生を抑えられたとします。目標とする数値には達しなくても、効果があったと考えてもいいでしょう。

しかし、このようなケースでも、**「ズルズルと対策を続けてはいけない」**と言うのは、トレーナーの大嶋弘です。

「ステップ❸『目標を設定する』で定めた期限で一度、区切りをつけるのが原則です。『目標に近づいているから』と言って、ズルズルと対策を続けていても、ほかに重大な真因や対策が抜け落ちていれば、目標を達成できるとはかぎりません。『月4件のクレーム品を月2件以下に減らすにはどうするか』という視点から再度、問題解決のステップを踏むのが原則です」

たとえば、「オフィスで使用するコピー用紙を減らす」という問題テーマの場合、「裏紙を利用する」という対策が一定の効果を生んだとします。

ただ、結果がよかったからといって、裏紙の活用で削減し続けるには限界があります。より大きな成果を得るには、「社内書類の電子化を進める」といった抜本的な対策が必要になるかもしれません。

対策の実行は期限内に一度区切りをつけて、効果の確認に移る。そして残された課題は、次期の問題テーマとする。そうすることで、着実に問題を退治することができます。ただし、その際には完全達成ができなかった要因を明確にし、次に活かすことが重要です。

STEP
7
効果確認

LECTURE
06

結果だけでなく「プロセス」も振り返る

>> POINT

対策実行の「結果」も重要だが、一過性の結果では意味がない。誰でも何度でも再現できる結果が重要である。

実行のプロセスも振り返る

結果がよくても、その場かぎりの対策になっていたり、無茶な実行プロセスを踏んでいたりする場合は看過できません。

トヨタでは、必然性と継続性がなければ、正式な「結果」とは認めません。つまり、**別の誰かが同じことをやっても、同様の効果を得られなかったり、続けられなかったりすれば、それはプロセスに問題があります。**実は、「計算上では効果は出るはずなのに、実際には効果がないというケース」は少なくありません。

あるオフィスで問題解決を通じて「伝票処理作業時間の短縮」を図りました。問題解決のステップに沿ってある対策を施したところ、平均12分かかっていた作業時間が10分で完了できるようになりました。

効果を確認できたので、他の従業員も10分で作業をするように指示しました。ところが、10分を切る時間でできる人もいれば、あいかわらず12分以上かかる人もいたのです。

誰がやっても同じ結果が出るか

なぜ、特定の個人は10分でできるのに、他の人はできないのでしょうか。

その原因は、**作業の「標準」がなかったことです。**

つまり、「このやり方でやれば、誰でも10分で作業が完了する」という標準書がなかったがゆえに、せっかく対策を打っても個人によってバラツキが生まれてしまったのです。

極端なことをいえば、伝票処理に必要な書類を歩いてとりに行かなければならない場所に置いている人がいたら、せっかく対策を打って2分間短縮しても、すぐにその効果は消し飛んでしまいます。「書類は手を伸ばせば届く、この場所に置いておく」という標準がなければ、必然的かつ継続的に同じ効果を得ることができないのです。

トヨタでは、必然的かつ継続的に結果が出せることによってはじめて評価されます。

そのためには実行のプロセスも振り返り、誰がやっても同じように結果を出し続けることができるかを確認し、次の問題解決に活かすことが大切です。

STEP 8

成果を定着させる

問題解決の最終ステップは、
成功のプロセスをしくみとして
定着させること。しくみ化は
組織全体の力に結びつく。

[STEP]

8

成果定着

LECTURE

01

「歯止め」をせよ

>> POINT

「いつ、誰がやっても、同じように結果が出る」という「標準」が組織に定着することで問題解決は完了する。

「標準化」と「管理の定着」を行なう

トヨタでは、成功のプロセス（成果）を一過性のもので終わらせることはしません。「しくみ」として定着させることが習慣的に行なわれています。これを**「標準化」**といいます。

簡単にいえば、**「いつ、誰がやっても、同じようにできる」ようなしくみをつくることです。**

トヨタには、作業の標準を示した「作業要領書」の類《たぐい》がたくさん存在し、たとえ新人が入ってきても、他の人と同じように作業ができるようになっています。

そうした「標準」の管理の方法を決めて、当たり前のように標準が守られるようになることを**「管理の定着」**といいます。

トレーナーの大嶋弘は言います。

「『標準化』と『管理の定着』をすることを、『歯止め』と呼んでいます。1つの問題が解決して一件落着ではなく、『歯止め』までやり遂げて、はじめてトヨタの問題解決は完了するのです。そして、次の問題解決へと軸足を移す。つまり、トヨタの改善（問題解決）は、半永久的に続いていくのです」

成功のプロセスは「横展」する

「標準化」と「管理の定着」を行なう手順は、次のとおりです。

①仮につくった作業のやり方を正式な「標準」にして公にする
②管理の方法を決めて、標準書などを制定する
③新しい（正しい）管理手法を周知徹底する
④作業の正しいやり方を訓練する
⑤維持されているかを三現主義で確認する

手順①②までは、「歯止め」の段階ですが、手順③④のように、成果を関係部署に

拡大していくことを、トヨタでは「横展」といいます。
たとえば、「クレーム品の発生を減らす」の問題テーマでいえば、その問題解決のプロセスを自分の部署だけではなく、他の部署などにもオープンにし、全社的に同じプロセスを共有するのです。

トレーナーの加藤由昭は、「自分が主導して取り組んだ問題解決の成果が、やがて全社で実施されるようになった経験がある」と振り返ります。

加藤は組長時代、自動車の内装に傷がついてしまう不具合が頻発するラインを担当していました。2フロアにわたるラインだったので、傷がつくたびに問題の起きた工程へ新しい部品を持っていき、対応しなければなりませんでした。

加藤は当時をこう振り返ります。

「部下はラインの中で作業をしていますから、不具合が生じたときは体の空いている私が対応しなければなりませんでした。何度も階段で2つのフロアを往復するのは、本当にしんどかった。これは、まさに自分の『困った』からはじまった設定型の問題解決でした」

加藤は、いろいろと考えた末、**午前と午後に1回ずつラインを止めて、各工程の仕事ぶりをチェックする時間を設けることにしました。**

ラインを止めるということは、生産性が落ちることを意味します。そのため最初は上長から怒鳴られましたが、定期的に品質をチェックすることで、不具合が一気に減ったのです。

加藤がこのとき行なった問題解決の成果は、「品質チェックタイム」と名づけられ、他の工場でも実施されるようになりました。午前と午後、定期的にラインを止めて品質をチェックする時間が設けられたのです。

このように標準化したプロセスを積極的にオープンにすることで、会社や組織全体の力を底上げすることができます。

たとえば、ある営業担当者が「お客様のニーズを把握できていない」という問題テーマに取り組んだ結果、お客様の属性や要望を書き込む「お客様ヒアリングシート」

を作成したところ、問題が解決したとします。

そのときは、「お客様ヒアリングシート」をオープンにし、他の営業担当者や他の営業所が統一のフォーマットとして使うようになれば、会社の営業力全体の底上げにつながります。

トレーナーの谷勝美は、「横展」の重要性をこう証言します。

「指導先の会社では、通常、問題解決のためのプロジェクトチームをつくってもらいます。しかし、本当の正念場は、問題解決が成功し、プロジェクトチームが解散したあとです。**普段の業務をしている職場で、その問題解決のプロセスを再現し、横展開ができて、はじめて100点満点と言えるのです**」

「横展」までできたら、それが維持できているか、定期的に現場を見て確認することも大切です。標準が他部署で当たり前のように実施されて、はじめて会社は変わっていくのです。

STEP 8

成果定着

LECTURE 02

仕事の「プロセス」を共有せよ

>> POINT

問題解決のプロセスは、他のメンバーの学びやリーダーシップに貢献するだけでなく、相手の説得材料にもなる。

他人の「プロセス」から学ぶ

問題解決の効能のひとつは、仕事のプロセスがあきらかになることです。

トレーナーの大鹿辰己は、ある企業の営業部門が問題解決に取り組んだことによって、次のような効果があったと話します。

「その営業部門では、評価は売上成績など個人の数字だけを参考にしていました。だから、営業成績の良し悪しはわかっても、隣の営業担当者が、どのようなやり方で商談を成立させているのかはわからない、という状態だったのです。しかし、部門全体で共通の問題に取り組み、さまざま意見や情報を共有することを通じて、『こうすればうまくいく』といったプロセスを共有できるようになりました。これが営業部門全体のボトムアップにもつながっています」

トヨタの8ステップを踏んで問題解決をしていくと、何が問題であり、どんな対策をとれば問題が解決するか、というプロセスが明確になります。

同じ部署のメンバーと一緒に問題解決に取り組む中で、「彼も同じような問題を抱えていたんだ」「こうすれば問題を解決できるのか」といった気づきを得られることが多くあるのです。

つまり、**問題解決を通じて、他人の知識ややり方を学び、自分流にアレンジすることも可能になります。**

「トヨタにはQCサークルや階層別研修などを通じてメンバーと一緒に問題解決をする機会が多くあるだけでなく、仕事のプロセスを共有する風土があった」と大鹿は、証言します。

「トヨタでは、『あいつには負けたくない』という気概をもって働いている人が多くいました。しかし、そういう人ほど、自分のやり方や仕事のノウハウを一人占めせずに、切磋琢磨する同僚に教えていました。『マネできるものならマネしてみろ』という気持ちもあるのでしょうが、こうした風土のある職場は強くなっていきます」

問題解決の手法は、1人でも効果を発揮します。しかし、**複数のメンバーと一緒に問題解決のステップを踏み、プロセスを共有することにより、波及効果が大きくなるのです。**

「プロセス」の共有は人を育てる

トレーナーの谷勝美は、**「問題解決のプロセスを共有することは、人やチームを育てることにもつながる」**と言います。

谷が指導していたある会社では、問題解決のためのプロジェクトチームが組まれました。メンバーには部署横断でさまざまな年齢層、立場の人が参加していました。そのチームのリーダーを務めることになったのが、社歴5年の23歳の若手社員。経営層から将来性を期待されて抜擢されたのです。

彼は現場では腕のいい職人で、自分なりにプライドももっていたのですが、問題解決のテーマは自分の職場とは直接関係がなく、うまくプロジェクトをリードできませんでした。さらに、他の部署の社員との実力差を見せつけられ、すっかり自信を喪失してしまったのです。

そんな悩むリーダーに、谷がかけた言葉は、「自分をもっとさらけ出しなさい」というものでした。自分の力が不足していることを素直に認めて、他のメンバーの知恵や協力を得ることをすすめたのです。

すると、プロジェクトチームの中に「若きリーダーを支えよう」という気持ちが芽生え、彼も自信を取り戻していきました。

その結果、チーム内で活発な議論が行なわれるようになり、問題解決の取り組みは加速していきました。

チームで問題解決のプロセスを踏むと、意見や考え方の違いなどさまざまな摩擦が起こります。

しかし、こうした摩擦をクリアしながら、問題解決を進めていくことによって、リーダーシップを発揮する人材が育ったり、チーム力が底上げされたりするのです。

問題解決のステップは強力な説得材料になる

問題解決のステップは、きわめて論理的です。

データや事実にもとづいて、問題の解決方法をあきらかにしていくものなので、そのプロセスは、他人を説得する際の強力な材料になります。

たとえば、経営者や上司が部下に動いてもらいたいとき。単純に「残業時間を20％削減しろ」と言うだけでは、やらされ仕事になってしまいます。

しかし、「○○が問題だから、××という目標を立て、△△の対策を講じなさい」と思考のプロセスを示せば、部下も納得して仕事に取り組めるでしょう。

部下が上司を説得するときも同じです。

プロセスをあきらかにして説明すれば、納得してもらいやすくなります。

問題解決の思考のプロセスは、説得するための強力なツールとなるのです。

STEP

8

成果定着

LECTURE

03

問題解決に終わりはない

>> POINT

1つの問題解決の完了は、次なる問題解決のスタート。標準のレベルを上げ続けることで組織の力が向上する。

改善の成功は、新たな改善のスタート

1つの改善が成功しても、それですべての問題が解決するわけではありません。成功のプロセスを定着させて横展開しても、必ず何か問題は残っているはずです。

1つの改善の成功は、新たな改善のスタートでもあるのです。

「改善とは新たな『あるべき姿』に向かって成果のレベルを上げ続けることだ」と話すのは、トレーナーの谷勝美です。

たとえば、「会社の玄関にツバメが巣をつくってしまい、毎日フンのそうじをしなければならない」という問題があったとします。

このとき、ツバメの巣の下にダンボールを敷いておけば、ダンボールを取り換えるだけの手間で済みます。こうした問題解決の方法を標準化し横展開すれば、他の建物でも同様の問題を解消できます。しかし、「ダンボールを敷くのは見栄えが悪く、毎日取り換えないといけない」という問題は残ります。

これに対して、次に「巣の真下（高い位置）にフンを受けるためのダンボールを設

置する」という対策を実行したところ、見栄えも気にならず、ダンボールを取り換える手間も年に1度で済むようになりました。

しかし、来年の春先になれば、またツバメがやって来て巣をつくってしまうという問題は残ります。そこで、鳥よけのネットや磁石などのグッズを玄関にとりつけて、巣がつくられるのを予防すれば、ツバメのフンの問題で悩まされることは大幅に減るでしょう。

これは仕事の問題解決でも同じです。

営業の例でいえば、お客様のニーズを把握する「お客様ヒアリングシート」を横展開したところ、ニーズは把握できるようになったけれど、今度はお客様のニーズに即した提案ができないという問題が残りました。

そのときは、「お客様のニーズを反映した提案書をつくるための定型フォーマットをつくり、横展開していく」というように、新たな「あるべき姿」に向けて改善します。

標準化や横展開と同時に、新たな「あるべき姿」に向かって改善し、標準のレベルを上げ続けることが、仕事の質や現場力をアップさせます。

問題解決に終わりはないのです。

問題解決で標準のレベルを上げ続ける

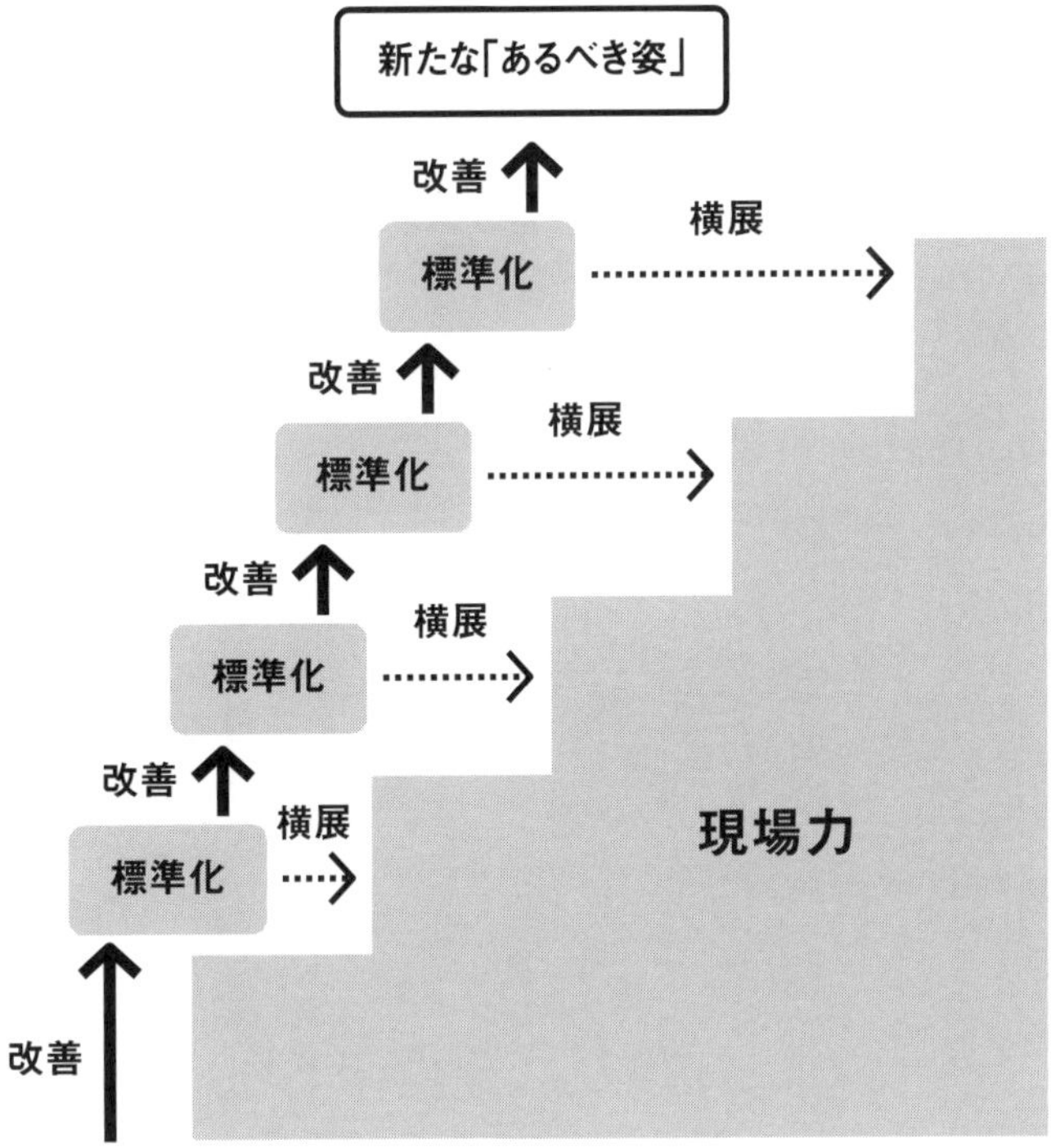
新たな「あるべき姿」
改善
標準化
横展
改善
標準化
横展
改善
標準化
横展
改善
標準化
横展
改善
現場力

おわりに

私たちOJTソリューションズでは、トヨタ勤続40年以上の元現場リーダーたちが顧客企業の現場にはりつき、顧客先のプロジェクトメンバーとともに汗を流しながら、その現場の問題解決に取り組んでいます。

以前はトヨタと同じ製造業からの依頼を多くいただいていましたが、近年では、製造業以外の金融機関、病院、スーパーマーケット、営業現場などさまざまな業態・業種の現場力強化に取り組む機会が増えてきました。

これは、何を意味しているのでしょうか。

私たちは、トヨタの「考える力」がクローズアップされてきたのが理由だと考えています。これまでトヨタといえば、トヨタ生産方式など現場のシステムが注目され、それを導入しようと試みる企業も多くありました。

しかし、トヨタの生産システムや現場力を支えてきたのは、昔も今も変わらず、その基盤にある従業員たちの考える力、すなわち「問題解決力」にほかなりません。

グローバル競争にさらされ苦戦を強いられる日本企業は、システムそのものを支える「考える力」の重要性に気づきはじめているのではないでしょうか。

問題解決力（考える力）は、製造現場だけに求められる能力ではありません。オフィスワーカーや営業担当者、サービス業などあらゆるビジネス現場で必要とされる能力です。また、マネジメント層や現場リーダーはもちろん、従業員一人ひとりにも問題解決力は求められます。自らの頭で考えられる社員が多いほど、現場の力は底上げされていくのです。

「与えられた答え」をそのまま受け止める職場、考えることを放棄した職場からは、プリウスのようなイノベーション（革新）は生まれません。

継続してイノベーションを起こし、日本経済を引っ張っていく組織は、従業員一人ひとりの考える力を鍛えるような人材育成をしている企業だと確信しています。

本書がみなさんの「考える力」の向上に寄与し、ブレイクスルーにつながれば、著者としてこれほどうれしいことはありません。

株式会社ＯＪＴソリューションズ

〔著者紹介〕
㈱OJTソリューションズ
2002年4月、トヨタ自動車とリクルートグループによって設立されたコンサルティング会社。トヨタ在籍40年以上のベテラン技術者が「トレーナー」となり、トヨタ時代の豊富な現場経験を活かしたOJT（On the Job Training）により、現場のコア人材を育て、変化に強い現場づくり、儲かる会社づくりを支援する。
本社は愛知県名古屋市。50人以上の元トヨタの「トレーナー」が所属し、製造業界・食品業界・医薬品業界・金融業界・自治体など、さまざまな業種の顧客企業にサービスを提供している。
主な書籍に20万部のベストセラー『トヨタの片づけ』をはじめ、『トヨタの育て方』『［図解］トヨタの片づけ』『トヨタの上司』、文庫版の『トヨタの口ぐせ』（すべてKADOKAWA）など多数。
http://www.ojt-s.jp/

トヨタの問題解決　（検印省略）

2014年5月18日　第1刷発行
2025年7月25日　第18刷発行

著　者　㈱OJTソリューションズ
発行者　山下　直久

発行所　株式会社KADOKAWA
〒102-8177　東京都千代田区富士見2-13-3
電話0570-002-301（ナビダイヤル）

●お問い合わせ
https://www.kadokawa.co.jp/（「お問い合わせ」へお進みください）
※内容によっては、お答えできない場合があります。
※サポートは日本国内のみとさせていただきます。
※Japanese text only

定価はカバーに表示してあります。

DTP／キャップス　印刷・製本／株式会社DNP出版プロダクツ

ISBN978-4-04-600312-6　C2034